4,8·

Siegfried Lenz
Gespräche mit
Manès Sperber
und
Leszek Kolakowski

Herausgegeben und
mit einem Vorwort von
Alfred Mensak

Hoffmann und Campe

CIP-Kurztitelaufnahme der Deutschen Bibliothek

Lenz, Siegfried:
Gespräche mit Manès Sperber und Leszek Kolakowski/
Siegfried Lenz. Hrsg. u. mit e. Vorw. von Alfred
Mensak. – 1. Aufl. – Hamburg: Hoffmann und Campe,
1980.
ISBN 3-455-05125-1

NE: Sperber, Manès: Kolakowski, Leszek:

Umschlaggestaltung Werner Rebhuhn
Gesetzt aus der Garamond Antiqua
Satzherstellung Dörlemann Satz GmbH & Co. KG, Lemförde
Druck- und Bindearbeiten Bercker, Kevelaer
Printed in Germany

Vorwort

»Drei Stunden lang debattierten sie in Moskau, Christ und Jude, Deutscher und Russe – und gesendet wurde von dem, was sie einander über einen Dritten, den Fragesteller Klaus Bednarz, mitteilten, ein Viertel. 45 Minuten, ein ›viewers-digest‹-Extrakt. So werden Sternstunden verschenkt.«
Der sich da beklagt, ist Walter Jens in der ZEIT vom 7. September 1979. Anlaß: die Ausstrahlung des Gesprächs zwischen Heinrich Böll und Lew Kopelew im ARD-Programm vom 1. September unter dem Titel »Warum haben wir eigentlich aufeinander geschossen . .?« Grund zur Klage? Ja, natürlich. Nur – die Schuld, daß so etwas passiert, ist nicht auf eine Schulter zu laden.
In diesem Band sind zwei Fernsehgespräche dokumentiert. Das Gespräch mit Manès Sperber erfüllt das, was Jens in der zitierten Sendung vermißt: es wurde so ausgestrahlt, wie es aufgezeichnet wurde, in voller Länge, mit allen Höhen und Tiefen eines Gesprächs, allen Mängeln und Vorzügen. Das Gespräch zwischen Lenz und Sperber wurde übrigens genau ein halbes Jahr vor der ZEIT-Kritik von Walter Jens im Fernsehstudio von Radio Bremen geführt.
Schnitte in dem Gespräch Lenz – Kolakowski waren notwendig, weil der Pole Kolakowski, der seit vielen Jahren in England lebt, unsere Sprache nur »aus zweiter Hand« kennt, mit ihr nicht umgeht. Das bedeutet aber nicht, daß inhaltliche Veränderungen vorgenommen wurden. Nur einige Passagen, in denen Kolakowski nach dem passenden deutschen Ausdruck

sucht und sich deshalb mehrfach wiederholt, wurden gerafft.

Warum ein Vorwort? Manès Sperber sagt an einer Stelle des Gesprächs mit Lenz: »Die Gefahr des Mißverstehens ist nicht nur beim Mißerfolg, sondern auch beim Erfolg ungeheuer groß. Immer wieder schreibe ich Vorworte oder Einleitungen. Oft bewirken sie gar nichts.« Das bezieht sich auf *seine* Bücher und hat anderes zum Gegenstand als diese Anmerkungen. Hier sollen keine Mißverständnisse – wie bei Manès Sperber – ausgeräumt, sondern dem Leser ein paar Einblicke in die Entstehung solcher Sendungen gegeben werden. Es scheint wichtig, darüber nachzudenken, was denn eigentlich »die Realität« eines Gespräches ist, wie es sich darstellt, in einem Buch zum Beispiel, einer Zeitschrift, zu Hause, wenn Besuch da ist, oder im Fernsehen.

Eine Sendereihe, die ich viele Jahre betreut habe und die dank ihrer Offenheit und Ungezwungenheit viel Lob geerntet hat, brachte mich oft genug in die Lage, mit Bedauern und widerstrebend die Zwänge des Fernsehens anzuerkennen. Das heißt: die zeitliche Begrenzung und die »richtige« Mischung der Gesprächspartner zu beachten, Rücksicht auf die »unterhaltenden Teile«, die Gäste und die Moderatoren zu nehmen. Die Beispiele ließen sich fortsetzen. Da es sich um eine Sendereihe handelte, die viel Zuschauerpost, Telefonanrufe und (Nach-)Gespräche herausforderte, stellte sich sehr schnell heraus, daß man es einem Millionenpublikum nicht recht machen kann. Es gibt keine »richtige« Sendung. Es gibt nur Mehrheitsentscheidungen, und die beziehen sich nicht auf die Qualität, sondern vornehmlich auf den Inhalt einer Sendung. Diese »demokratischen Verhältnisse« haben zur Folge, daß Minderheiten, die eher zum Außenseitertum, zum Experiment tendieren, im Fernsehen kaum mehr das Medium ihrer Unterhaltung finden. Seit auch die »Dritten« mehr und mehr zu Populärprogrammen werden, hat sich die Situation für Zuschauer, die mehr vom Fernsehen erwarten als passiven Konsum, weiter verschlechtert. So gesehen, ist ein Gespräch im Fernsehen von zwei Stunden Länge zwischen zwei Zeitgenossen, die anderes »verhandeln« als gängige Alltagsware, ein Experiment. Das mag hochtrabend klingen, es ist aber so.

Wie kam dieses Experiment zustande? Bei Ansicht der sogenannten Gespräche, die das Fernsehen ausstrahlt, stellt man sehr bald fest, daß es sich in den seltensten Fällen um Gespräche, meist aber um Interviews, Statements, vorbereitete Frage- und Antwortspiele oder ähnliches handelt. »Wir haben 4 Minuten 30 Sekunden Zeit, können unser Gespräch also in aller Ruhe führen«; vor dieser Situation stehen viele, die Auskunft geben sollen. Für die meisten reicht die Zeit, andere, besonders Politiker, würden auch in 45 Minuten nicht mehr sagen als das, was sie in so kurzer Zeit schon verschleiern. Warum also Zwei-Stunden-Gespräche? Weil es Sachverhalte gibt, die nur behutsam zu Tage gefördert, nicht »druckreif« abgefragt werden können. Unsere schnellebige Zeit hat uns alle einer Tugend beraubt: wir kennen keine Geduld mehr. »Das Konzept ist falsch«, sagte mir ein sehr geschätzter Kollege, dessen Intelligenz, umfassende Bildung und besondere Sensibilität außer Frage stehen, als er einen

Teil der Aufzeichnung Lenz/Sperber sah. »Welches Konzept?« Ich konnte ihm nicht begreiflich machen, daß »das Konzept« nichts anderes ist, als daß zwei, die sich etwas zu sagen haben, die neugierig aufeinander sind, zusammenkommen, um – zögernd zunächst und über Umwege – Schritt für Schritt den anderen zu »erfahren«. Die journalistischen »W's« (wer, wann, wo, wie) töten das Gespräch.
Es ist relativ unerheblich, will ich die Biographie eines Menschen erfahren, nach dem äußeren Ablauf seines Lebens zu fragen. Unsere Biographie – das sind die Stationen der inneren Entwicklung. Wer mit dem physischen Wachstum auch sein geistig-seelisches abgeschlossen hat, kann die Welt zehnmal umrunden, er wird dennoch nur eine magere Biographie nach Hause bringen. Wie oft würden wir wohl erschrecken, wenn wir einem vermeintlich Großen gegenübersitzen, ganz privat, ohne daß etwas zur Schau getragen werden muß, wie wenig da an Substanz zum Vorschein kommt. Und wie beglückend ist der unerwartete Einblick in eine reiche Seelen- und Erfahrungslandschaft, wo wir nichts erwartet haben. Täglich können wir erfahren, welche Restbestände an Gespräch uns geblieben sind, wenn wir uns selbst und unsere Gegenüber einmal überprüfen. Wen wundert es da, wenn wir den geduldigen Mut kaum aufbringen, dem Gespräch anderer mit Anteilnahme, aber schweigend, zu folgen? Will das Fernsehen, das einen Teil der Schuld an der zunehmenden Sprachlosigkeit der Menschen trägt, hier etwas gutmachen? Zum Gespräch anregen? Die Wunschvorstellungen sind nicht zu weit gespannt. Der gedruckte Text verfolgt in jedem Fall andere Ziele.

Über die Entstehung der Sendereihe: Jahrelange berufliche Zusammenarbeit mit Siegfried Lenz bringt Ideen für neue Unternehmungen fast zwangsläufig mit sich. Von der Idee bis zur Ausführung ist dann meist ein langer Weg. Es war klar: Lenz konnte und wollte nicht der »Frager« sein. Er bringt sich voll in die Sendung ein, und sein Gegenüber akzeptiert und respektiert das. So kommt Gleichgewichtigkeit zustande, Partnerschaft. Vielleicht ist auch dies etwas Neues in den »Fernsehgesprächen«.
Manès Sperber als ersten einzuladen, darüber wurde schnell Einigkeit erzielt. Sperber sagte auch spontan zu. Ich hatte Manès Sperber schon bei den Vorbereitungen für eine andere Sendung in seiner Pariser Wohnung besucht, war gewarnt worden: er schließt sich so schnell nicht auf, muß erst Vertrauen haben. Es stimmte. Wie bei einem Fünfzehn-Runden-Kampf waren die ersten Runden abwartend, auf Distanz. Daß im Verlauf der neuen Zusammenarbeit Vertrauen und mehr daraus wurde, zählt zu den vielen positiven Erfahrungen bei dieser Unternehmung.
Nicht viel anders ging es wohl zwischen Sperber und Lenz, das war spürbar und deutlich zu sehen. Es war aber auch die notwendige Basis für Siegfried Lenz, ohne Notizen, ohne »Fahrplan«, der auf dem Tisch lag, das Gespräch zu beginnen und für Sperber: vertrauensvoll sich zu öffnen, nicht behelligt zu sein von technischen Apparaturen und Zeitdruck.
Der »technische Apparat« – das war, was Leszek Kolakowski fürchtete. Wir trafen uns an einem heißen Augusttag in seinem Haus in Oxford, plauderten stundenlang bei Campari und Tee unter einem alten

Apfelbaum im Garten, dessen Rasen keine »englische Qualität« vorweisen kann. Er sei kein guter Gärtner, entschuldigte Kolakowski sich.

Der Anfang glich dem ersten Besuch bei Manès Sperber: abwartend, fast ängstlich stellte Kolakowski die ersten Fragen. Wie es denn im Studio aussehe, und wieviel Zeit zur Verfügung stehe, und wenn Pausen entstünden, weil er nach dem passenden deutschen Wort sucht, was dann?

»Das gehört zum Gespräch.«

Und Biographisches? Geht das ins Detail? »Die äußeren Stationen des Lebensweges interessieren nur am Rande. Wichtig ist das ›andere‹.«

Beruhigung und Bereitschaft am Schluß und Einvernehmen. Das Gespräch konnte stattfinden.

Es gab dann, wie schon am Anfang angemerkt, doch die Hemmschwelle, die man überwinden muß, wenn man sich in einer fremden Sprache artikuliert. Mit diffizilen Texten, unter »Live«-Bedingungen in einer Fernsehsendung.

Aber gerade das Unperfekte, als Dokument aufbewahrt und im Fernsehen verbreitet, ist ja ein winziges Löcken wider den Stachel des gängigen Perfektionismus, an den wir uns so gewöhnt haben.

Merkwürdig, wie sich die Realität eines Gespräches in den verschiedenen Medien verschieden darstellt. Das Fernsehen bietet eine Dimension, die weder Hörfunk noch bedrucktes Papier bieten können: es *zeigt* uns den Menschen. Sein Agieren, sein Reagieren sind aufschlußreich. Eine Handbewegung, ein Gesichtsausdruck können beredter sein als Worte. Und doch kann gerade dieser Vorzug ein Nachteil sein: er kann, wo es darauf ankommt, vom Wort ablenken und so Wichtiges unterschlagen.

Das gedruckte Wort ist da im Vorteil: wir können es »schwarz auf weiß nach Hause tragen«. Es steht uns zur Verfügung, wann immer wir es wünschen, wir können nachlesen, überprüfen, analysieren. Insofern sehe ich dieses Buch als eine Ergänzung der ursprünglichen Unternehmung.

Geringfügige redaktionelle Veränderungen zwischen dem gesprochenen Wort (im Fernsehen) und dem hier vorliegenden gedruckten Text sind nie sinnändernd, sondern nur insoweit vorgenommen worden, als der eine oder andere nicht zu Ende gesprochene Satz vollendet, »Übersprechungen« weggelassen und einige Wiederholungen gekürzt wurden.

Wichtig für die Herausgabe der Texte war es, die Spontaneität des Ungeprobten zu erhalten, die Eigenheiten der Gesprächspartner in Diktion und Syntax nicht zu verfälschen. Was sich am Fernsehschirm begibt, ist ein flüchtiger Augenblick. Ihm Dauer zu verleihen, sollte eine der Aufgaben dieses Bandes sein.

Alfred Mensak

Handeln –
für ein unerreichbares Ziel

Siegfried Lenz
im Gespräch mit
Manès Sperber

Lenz
Vieles beginnt mit dem Ende, und auch ich, lieber Manès Sperber, möchte mit dem Ende beginnen, vom Ende her fragen. Ihr Freund Arthur Koestler hat einmal erzählt, was man in einem exemplarischen Augenblick mit Erfahrungen, die man selbst gemacht hat oder zu denen man verurteilt war, anfangen kann, und wie wenig sie einem möglicherweise nutzen. Er sprach zu englischen Soldaten, Anfang des Krieges. Plötzlich stellte er fest, daß in einem bestimmten Augenblick diese jungen Soldaten, die vor ihm saßen, die er vorbereiten sollte auf den Kampf, ihm ihr Interesse entzogen; hinten Karten spielten, redeten, ihm die Aufmerksamkeit verweigerten. Er, der von der extremen Erfahrung seines Lebens sprach, von der Not, von den Demütigungen, von der Rechtlosigkeit, merkte, daß er diese Erfahrungen nicht abgeben, nicht vermitteln konnte. Er ging nach Hause und versuchte, sich noch einmal auf sein Gespräch einzustellen; er bezichtigte sich, glaubte, er habe etwas falsch gemacht. Was kannst du tun, um ihre Aufmerksamkeit zu erreichen? Er konzentrierte sich, nahm neue Anläufe und stellte fest, daß es ihm wieder nicht gelang. Nach einer gewissen Zeit erlahmte das Interesse seiner Zuhörer. Es war zum Verzweifeln! Er, der andere überzeugen wollte, der das Argument seiner Erfahrungen weitergeben wollte, damit es etwas bewirkte, blieb ohne Echo.
Auf Ihre Erfahrung bezogen, Manès Sperber – könnte das irgendwann das Schicksal aller Erfahrungen sein, selbst wenn sie, zusammengenommen als Argument,

einen außerordentlichen Wert darstellen? Einen Wert, der das Leben, das Befinden in der Welt erleichtert? Glauben Sie, daß Erfahrungen – so gesehen – tatsächlich nur für den eine Valuta darstellen, der sie hat machen müssen, der zu ihnen verurteilt war?

SPERBER
Ich glaube, daß man vor allem unterscheiden muß zwischen der Begegnung eines hörbegierigen Ohres und eines sprechbereiten Mundes. Wir können zwar die Ohren nicht verschließen, aber wir können sehr wohl unser Gehör abwenden.

LENZ
Sie meinen also, die Erfahrung hat durchaus eine Chance, den anderen zu erreichen – in einem Zustand der Bedürftigkeit?

SPERBER
Im Zustand der Begegnung – setzen wir dieses Wort einmal ein. Es gibt Begegnungen, man mag sie zufällig, man mag sie schicksalhaft nennen, da können die einfachsten Worte die ungeheuerste Wirkung erzielen. Und umgekehrt kann der schönste Buchstabe tot bleiben, und die klarste Stimme ungehört. Sie bringen mich, indem Sie Koestler zitieren, sofort auf die Formel, die ich an den Anfang meiner Trilogie *Wie eine Träne im Ozean* gesetzt habe. Ich sagte da: Die Gleichgültigkeit ist die schlimmste aller Gewalten. Diese Soldaten, von denen Arthur Koestler spricht, waren gleichgültig – aber nicht allem gegenüber. Sie waren nicht gleichgültig gegenüber der Lust, Karten

zu spielen, ein neues Bier zu trinken. Koestler sollte ihnen vom Feind berichten, gegen den sie kämpfen und vielleicht ihr Leben aufs Spiel setzen sollten. Und er wollte ihnen sagen: was ist das für ein Feind – es handelt sich nicht um die Deutschen, der Feind ist der Nazismus.

LENZ
Ich glaube, hier trifft noch etwas anderes zu: die Gebundenheit spezieller Erfahrung an den Menschen, der diese Erfahrung hat machen müssen. Natürlich gehört sehr viel Phantasie dazu, sehr viel Selbstversetzung, um Dinge, die man als Erfahrung von anderer Seite angeboten erhält, wirklich auf sich zu beziehen und sie, in gewissem Sinne, zu einer eigenen Erfahrung zu machen.

SPERBER
Sie, lieber Herr Lenz, praktizieren die Antwort seit vielen Jahren als Schriftsteller, der zu vielen Lesern spricht. Es ist doch wohl so, daß die Erfahrung, die der Einzelne gemacht hat, vielfach vom anderen miterlebt worden ist. Der Schriftsteller findet immer dann interessierte Leser, wenn sie – wie in einem Spiegel – durch ihr eigenes Schicksal sich betroffen fühlen, oder aber, wenn in der Darstellung der Erfahrungen etwas geschieht, was keiner von uns treffend definiert hat. Wann wird die dichterische Mitteilung, daß der Hans die Grete liebt, zu etwas, das nicht nur den Hans oder die Grete angeht, sondern alle Menschen, die jemals geliebt haben oder zu lieben wünschen? Dann, wenn Hans und Grete über sich selbst hinausgehoben wer-

den und ihre Liebeserfahrung, ihre Liebessehnsucht zu einem Thema wird, das schlechthin das Thema aller Liebenden ist.

LENZ
Also verwandelt sich die individuelle Erfahrung sozusagen in eine allgemein menschliche Erfahrung?

SPERBER
Es handelt sich um eine Metamorphose. Vergessen wir nicht, daß wir uns ununterbrochen im Bereich der seltsamsten, nicht immer kontrollierbaren und nicht immer gewünschten Verwandlungen befinden. Ich habe das Wort Metamorphose gebraucht, weil es ja naheliegt, wenn man von Kunst spricht. Aber das Wort Metamorphose schließt auch den Begriff der Konversion mit ein. Eine Wandlung geht vor sich, die wir nicht bewerkstelligt haben. Wir sind in einer Landschaft und plötzlich geschieht etwas. Unser Blick wird angezogen von einem Baum, den wir bisher nicht gesehen haben. Aber der Baum war schon da.

LENZ
Das heißt aber doch, daß wir uns auch Erfahrungen wählen können. Erfahrungen, die andere gemacht haben, betreffen uns in ganz bestimmten Situationen, in ganz bestimmten Umständen unseres Lebens, auf jeweils andere Weise. Wir haben die Möglichkeit, uns aus dem großen Magazin der Welterfahrung zu bedienen. Was uns jeweils entspricht, nehmen wir zur Selbstbestätigung oder, in gewissen Augenblicken, auch zur Selbstwiderlegung. Das beziehen wir aus der

Literatur, das beziehen wir aus dem formulierten Bestand an gemachter Welterfahrung.

SPERBER
In der Philosophie gibt es einen Begriff, der Ihnen genauso geläufig ist wie jedem, der sich einmal mit Philosophie beschäftigt hat. Es gibt – oder gibt nicht – das »Ding an sich«, das Geschehnis an sich, die Freiheit an sich. Aber es gibt auch das Ding für mich oder für dich, für uns, die Erfahrung für mich oder auch für uns. Inwieweit kann ich die Substanz einer Erfahrung so in Worte kleiden, daß das, was an ihr nicht nur unmittelbar vermittelbar, sondern auch gleichsam verwandelbar ist, dem anderen so vertraut, so selbstverständlich wird, daß es ihm erscheint, als wäre es ein Stück von ihm? Von dem Augenblick an wird es für den anderen existent. Bis dahin ist das nur die Erfahrung für den Koestler, die Erfahrung für den Lenz, und so weiter. Erfahrung ist in dem Augenblick vermittelbar, in dem sie so dargestellt wird, daß sie über ihren unmittelbaren Sinn hinausreicht. Wissen Sie, es gibt ein Wort, das zu benutzen ich mich in nahezu lächerlicher Weise immer wieder gedrängt fühle: das Wort »meinesgleichen«. Nicht aus Bescheidenheit, sondern einfach, weil das meiste, über das wir jetzt reden werden, auch wenn es mit höchster Intensität durch mich oder andere erlebt worden ist, über jeden einzelnen weit hinausreicht. Deshalb sage ich immer »meinesgleichen« oder »unseresgleichen«, um zu sagen, es ist sehr persönlich, es ist intim – aber gleichzeitig ist es das Intimste von vielen.

LENZ

Natürlich, weil wir ja nicht Erfahrungen für uns allein machen. Vielmehr sind andere nötig, daß wir Erfahrungen mit uns machen, und andere sind auch nötig, daß gewonnene Erfahrungen etwas mit uns machen. Das heißt: wer auch immer Erfahrungen macht, an welchem Ort, ist auf die anderen angewiesen, ist durch andere bestimmt.

SPERBER

Um auf Ihre erste Frage zurückzukommen: Wann wird die Erfahrung für mich im Prinzip eine Erfahrung für alle? Nietzsche schrieb über seinen Zarathustra: »Ein Buch für Alle und Keinen.« Beides ist möglich. Wie die Plakate an den Straßen, an den Hauswänden. Sie wenden sich an alle, aber der Empfänger bleibt anonym.

LENZ

Es ist der, den es betrifft.

SPERBER

Die Frage, die Sie da im Zusammenhang mit Koestler aufgeworfen haben, finde ich ungeheuer interessant im Hinblick auf das, was uns insbesondere in diesem Gespräch beschäftigen sollte. Es ging Koestler um die intimste Erfahrung eines überpersönlichen Erlebnisses. Das wollte er den Soldaten vermitteln. Das wollen Sie als Schriftsteller, das will ich vermitteln. Fast verzweifelt fragt man sich, warum es möglich ist, daß da einer um Hilfe schreit oder die Not eines Menschen ganz in der Nähe, im nächsten Raum so deutlich und quälend sichtbar wird, und die Menschen trotzdem vorübergehen, keine Zeit haben für die Not eines anderen. Aber vor irgendeiner objektiv sozusagen völlig uninteressanten Sache bleiben sie stehen, nehmen Anteil. Wann wird also ein Inhalt vermittelbar, wann und wie können wir die Gleichgültigkeit bekämpfen? Schriftsteller von der Art, wie Sie es sind, und von der anderen Art, wie ich es bin, versuchen ununterbrochen, den Leser zu gewinnen, ihn aus dem Boden zu stampfen, seine Aufmerksamkeit auf das zu lenken, was wir zu sagen haben. Wann gelingt das?

LENZ
Jedenfalls ist es nicht kalkulierbar, nicht abrufbar. Literarische Energie oder Phantasie kann man, glaube ich, nicht einsetzen im Sinne eines Kalküls, weil der Leser natürlich in ganz bestimmter Weise von einem Text erfaßt wird, ergriffen wird, oder auch nicht. Und darin liegt natürlich sowohl die Chance als auch die Möglichkeit der Literatur, angenommen oder verweigert zu werden.
Doch nun zu etwas anderem, wenn Sie mir erlauben. Nachdem wir gewissermaßen die allgemeine Verbindlichkeit von Erfahrungen besichtigt haben, kommen wir nun konkret auf Ihre Erfahrungen zu sprechen, lieber Herr Sperber. Den Erfahrungen geht etwas voraus, das man das Erlebnis nennen kann, das Erlebnis mit anderen. Wann begann für Sie das Sammeln von Eindrücken? Wann begann für Sie in dem, wie Sie schreiben, endgültig verlorenen kleinen Städtchen Zablotow das Erlebnis, das Sie im Hinblick auf diese bestimmten Erfahrungen geprägt hat? Welcher Art war

die Aufmerksamkeit, die Sie für die anderen übrig hatten, und was erfuhren Sie durch die anderen, daß Sie so und nicht anders auf diese Lebensspur gebracht wurden? Sie schreiben einmal, wenn ich das rasch sagen darf, vom Seufzen, vom Seufzen und Ächzen, das überall wahrnehmbar war in diesem kleinen, ja, fast kosmologisch abgeschlossenen Ort Zablotow. Sie sprechen von der erfahrenen Demütigung, Sie sprechen vom Protest, vom Hunger, von der Krankheit, von vielfältigen Heimsuchungen. Das alles hat sich gebündelt, war Vorstufe einer bestimmten Erfahrung. Aber wie hat das Kind darauf reagiert?

SPERBER

Sie haben das Wort Erlebnis jetzt eingebracht, nachdem Sie zuvor von Erfahrung gesprochen haben. Darf ich eine Differenzierung vorschlagen? Erlebnis ist das, was sich einem unmittelbar als Geschehnis, als irgendeine Änderung aufdrängt – so, wie plötzlich etwas in das Blickfeld vorstößt. Erfahrung dagegen ist etwas völlig anderes, ist das, was wir gleichsam als Quintessenz aus den Erlebnissen gewinnen, woraus sich erst das allgemein Wahre, aus dem man dann Schlüsse ziehen kann, ergibt. Nun fragen Sie mit Recht nach Erlebnissen; den Erfahrungen gehen, wie wir festgestellt haben, Erlebnisse voraus, die in gewissem Sinne sogar entscheidend sind für die Ausbildung der Fähigkeit, Erfahrungen zu gewinnen. Die meisten Menschen hören sehr früh auf, Erfahrungen zu gewinnen. Sie leben gleichsam im Antiquitätenkabinett ihrer einmal gemachten Erfahrungen. Nun, die Antwort auf diese Frage ist: Ich lebte in einer besonderen Gemeinschaft, einer glaubensbesessenen Gemeinschaft, und es kam niemandem in den Sinn, daß er sich dem etwa entziehen könnte. Ein sehr empfindsames Kind, wie ich es war, entzog sich dem nicht. Aber sehr früh wurde mein Zweifel an Dingen geweckt, die als selbstverständlich und wahr und faktisch angenommen wurden. Da ist die Geschichte von den Tauben auf dem Dach der Hohen Schule, der Synagoge. Es hieß, daß immer, wenn Brände entstanden, die weißen Tauben auf dem First erschienen, beinahe wie Engel, um die Synagoge zu schützen. Sie wurde aber in Wahrheit dadurch geschützt, daß sie auf einem Hügel war und die Brände unten. Das ist natürlich eine günstige Situation für Gott, Wunder zu tun, oder für Tauben oder Engel. Aber nicht das veranlaßte mich, zu zweifeln; vielmehr wurde ich, statt Zeuge des Wunders zu werden, daß die Synagoge nicht brannte, Zeuge des Glaubens der anderen. Ich sah: die glaubten. Und ich fühlte plötzlich eine Art von beginnender Einsamkeit. Ich glaubte nicht wie sie.

LENZ
Aber ist das nicht ein außerordentlicher, ja fast ein musterhafter kritischer oder sagen wir mal, ein krisenhafter Augenblick, wo man Geborgenheit, Glaubenssicherheit aufgeben muß, sie nicht mehr mit den anderen teilt, sondern sich zum ersten Mal als *Ich* den anderen gegenüber empfindet, oder doch zumindest separiert von den anderen, die in der Glaubensgeborgenheit tatsächlich auch viel Welterklärung finden und sich selbst auch bestimmen können! Auf einmal ist man herausgefallen aus der Gemeinschaft.

Sperber

Auf jeden Fall ist es der Beginn des Herausfallens, eine Art von winziger Absonderung, deren Logik das Driften ist, das Abgetriebenwerden wie ein Boot, ein Rettungsboot auf dem Meer.

Was Sie sagen, ist wesentlich und so bezeichnend, daß man alles, was ich bisher gesagt und geschrieben habe, als die Geschichte eines jeweils erneuten oder jeweils neu unternommenen Bruches bezeichnen kann. Meine Geschichte ist eine Geschichte von *Brüchen eines treuen Ketzers* – sozusagen. Denn ich spreche nicht mit Spott von denen, die an die Tauben und Engel geglaubt haben. So habe ich mit meinem Meister Alfred Adler gebrochen, mit dem Kommunismus gebrochen, aber nie alles über Bord geworfen, sondern das, was in dem Verlorenen wertvoll war und wertvoll blieb, für mich bewahrt. Das Ausgangserlebnis für den Zweifel – die Tauben und Engel auf dem Dach der Synagoge – war gleichsam eine Wüste des Zweifels mitten in der herzerwärmenden Oase des Glaubens.

Lenz

Man ist dann aber doch insofern in einer neuen Lage, als die eisigen Winde des Zweifels einen in andere Richtungen drängen. Ist dieser Glaubensabfall, das Herauskippen aus der Geborgenheit, schon gleichbedeutend damit, daß man neue Ziele erkennt, oder ist am Anfang, wenn man ganz bestimmte Erlebnisse gehabt hat, einfach nur die Wahrnehmung vorhanden: Ich gehöre nicht dazu? Und liegt in dieser Vereinzelung, in dieser Separierung, die erste mehr oder weniger schmerzliche Erkenntnis?

Sperber
Ich würde mich nicht getrauen, da eine allgemein gültige Antwort zu geben. Das ist zumindest in verschiedenen Situationen nuanciert. Man muß mit dem Urteil sehr vorsichtig sein. Sicherlich ist ein Schmerz damit verbunden, aber es gibt ja Schmerzen, deren man sich erst später bewußt wird, ganz bestimmte Verletzungen. Es ist ein Schmerz, es ist auch ein Verlust, eine Art von Trauer. Man hat etwas verloren, das zu einem gehörte und zu dem man gehörte. Das sind Dinge, die eine Rolle spielen. Ich glaube im übrigen, daß ein ähnlicher Prozeß in anderer Form und mit anderer Konkretisierung fast jedem passiert, nicht nur dem Dichter, dem Schriftsteller. Ich glaube nicht – Sie haben sehr Ähnliches in einem Ihrer Essays geschrieben –, daß man von einer Gewißheit aus, von einer unbehelligten und unbeschädigten Treue aus zu schreiben beginnt. Man beginnt zu schreiben, wenn einem plötzlich, und wenn auch nur einen Augenblick lang, der Boden unter den Füßen zittert, wenn das Selbstverständliche aufhört, selbstverständlich zu sein. Wir leben sonst eingebettet in Selbstverständlichkeiten, man kann es auch Banalitäten nennen, aber sie gehören zu unserem Leben.

Lenz
Darf ich noch einmal auf diese Schritte zurückkommen? Glaubensabfall ist also nicht identisch damit, daß ein neues Ziel aufgetaucht ist. Man kann folglich nicht sagen, daß, wenn man die allgemeine messianische Haltung aufgegeben hat oder nicht mehr teilt, die die anderen noch besitzen, daß dann schon ein Ak-

tionsprogramm vorliegt, das einem sagt, so und so werde ich handeln, auf diesem Weg werde ich weitergehen.

SPERBER
Das ist richtig und auch sehr wichtig.

LENZ
Es ist eine Phase der Unbestimmtheit, des Schwankens zwischen vielen Möglichkeiten, vielleicht auch, weil man zunächst fertig werden muß mit der eigenen Absage. Und das interessiert mich jetzt im Hinblick auf mögliche Entscheidungen. Dieser Prozeß – ist es ein Prozeß des Suchens, des Sammelns, des Wählens, des Neubestimmens, oder genügt man sich in dieser Phase des Zweifelns? Zweifel kann ja etwas eminent Fruchtbares sein, etwas sehr Stimulierendes, etwas sehr Inspirierendes. Die Krankheit des nagenden Zweifels hat zu ganz erstaunlichen Werken und Erkenntnissen geführt. Genügt es bereits, sich in dieser mehr oder weniger langweiligen Phase des Zweifels zu befinden?

SPERBER
Man kann wohl feststellen, daß dieser Krisenzustand in sich selbst keineswegs gleich eine Zielvorstellung zutage fördert, sondern umgekehrt: es bleibt sehr häufig das Erlebnis des Geschehens viel stärker, und es fällt ein schwarzer Vorhang über die Zukunft. Man steht vor dem Nichts. Das ist sicher wahr. Allerdings möchte ich das einschränken und sagen, ein jeder unterscheidet sich vom anderen und wird folglich auch eine solche Situation anders erleben. Wenn etwas ge-

schieht, das zu einem Bruch führt, das ist manchmal – ich bringe immer Beispiele aus dem Liebesleben, obwohl ich noch nie in meinem Leben einen Liebesroman geschrieben habe und ihn natürlich nie mehr schreiben werde . . .

LENZ
Deswegen können Sie doch ein Fachmann sein.

SPERBER
Aber nein! Natürlich ist Liebe die große Erprobung des Menschen in all seinen Beziehungen. Insofern ist das aufschlußreich! Wenn ein junges Paar, junge Menschen, ineinander verliebt sind, dann kommt irgendwann eine Krise, und sie glauben, es ist aus. Dann spüren beide, oder einer von beiden zumindest, Trauer, Schmerz, Verlust – aber immer schwebt doch auch ein Gefühl der Befreiung mit. Das heißt: man ist weniger besetzt von jemandem oder von etwas, aber es ist auch ein Vakuum, das da entsteht, das gleichzeitig ein quälendes Empfinden mit sich bringen kann. Ich empfand diese Leere zum ersten Mal, als der Krieg ausgebrochen war, der Erste Weltkrieg.
Die Bibel, der Krieg und die Revolution sind die großen Etappen – von außen gesehen – die mein Leben wirklich determiniert haben, in dem Ausmaß, wie das Äußere das Innere determiniert. Aber was immer ich erlebt habe, war so, daß ich eigentlich niemals denken konnte: das ist nun das Ende! Alles war gleichsam Voraussetzung für später, und das hängt mit dem messianischen Glauben zusammen. Die Revolution! In Wirklichkeit war es der Messianismus.

Es ist unglaublich, wenn man es näher betrachtet, daß die Menschen sich in den paar wesentlichen Punkten, auf die es für sie ankommt, ihr Leben lang treu bleiben. Sie mögen ihre Nase verändern, ihre Haare färben und Perücken aufsetzen, aber sieht man genauer hin, dann stellt man fest, daß der Mensch mit vielerlei identisch werden kann, aber am Ende bleibt er immer er selbst.

LENZ

Man trifft also nur einige wenige Entscheidungen, einige Grundentscheidungen, und denen bleibt man mehr oder weniger treu; alles andere ist dann nur noch Variation oder Zwangsläufigkeit, fällt unter diese Grundentscheidungen. Aber die erste Grundentscheidung ist die Lokalisierbarkeit in dem Sinne, wie Camus es getan hat: Ich lehne mich auf, darum bin ich! Das Nein zu den Zuständen der Welt. So wie die Welt ist, muß sie auch wieder gewisse Voraussetzungen haben. Darum variiere ich den berühmten Erkennungssatz: »Ich denke, darum bin ich!« und sage stattdessen: Ich lehne mich auf, darum bin ich! Kann man das für sich in Anspruch nehmen, direkt auf das eigene Ich bezogen?

SPERBER

Es stimmt auch nicht so ganz für Camus.

LENZ

Aber für den bestimmten Typ des Revolutionärs, der sich für das Nein zur Welt entscheidet – und sich auflehnt.

Sperber

Nun, gewöhnlich ist ja – im Unterschied zu den absoluten Negativisten, die fast bis in die Psychose gehen – der Widerstand, die Auflehnung, bewußt oder unbewußt, begleitet von einem Zielgedanken. Die Welt geht unter, aber dann kommt das Paradies, dann kommt das Himmelreich auf Erden und dergleichen mehr! Ich möchte in diesem Zusammenhang auf ein Erlebnis zu sprechen kommen, das sehr bezeichnend ist. Es ist zwar, rückschauend betrachtet, nicht das Wichtigste, aber es war ein wichtiger Ansatz. Ich lebte während des Ersten Weltkrieges in Galizien, sozusagen zwischen den Fronten. Die Front kam immer wieder zu uns, und ich war da eines Tages mit meinem Lehrer auf dem Friedhof. Wir wurden beschossen, und ich sah die Leichen, die aus den Gräbern gerissen wurden. Das war die tiefste Angst und zugleich die unerträglichste Furcht, die ich jemals erlebt hatte, schlimmer als alle Kinderängste, die ja ungeheuerlich sind. Und da geschah zweierlei mit mir. Erstens: Ich glaube, damit begann meine Schriftstellerei. Ich versuchte das, was ich erlebte, in Worte zu fassen, mir zu erzählen, und zwar als sollte ich es viel später einem anderen erzählen. Ich nannte es die Gegenwartsverrückung. Ich bin also . . .

Lenz

Sie haben es vorverlegt.

Sperber

Ja, vorverlegt. Damit entrann ich dieser unerträglichen Situation. Ich bin also der Bote, der kommt und

dem Hiob sagt: Da kam ein Wind von Norden und riß alle Bäume aus, tötete. Ich allein bin entkommen, um es dir zu melden! In diesem Erleben liegt der Grund dafür, daß das Hiobselement in allem, was ich geschrieben habe, sehr stark ist.
Und das Zweite war: Es darf nicht sein, daß Menschen so handeln und daß sie ewig so handeln müssen und werden. Ich verlor in einem gewissen Sinne den Glauben an Gott, an den Gott, der allmächtig ist und es ermöglicht, wenn nicht gar befiehlt, daß diese Dinge geschehen. Das ging mit meiner Vorstellung von Gott natürlich nicht gut zusammen. Es muß anders werden! Es hängt nur von uns allen ab, daß es anders wird.

LENZ
Was heißt: anders wird?

SPERBER
Anders machen.

LENZ
Aber schloß das bereits ein konkretes Ziel ein? Es darf nicht so sein, wie es ist, dieses darf sich nicht wiederholen. Reichte das bereits als Ziel aus, oder entwarfen Sie im Sinne dieser Heilvorstellung – Sie haben es die messianische Erwartung genannt – konkrete Ziele für sich selbst?

SPERBER
Ich erinnere mich sehr genau an diese Tage, an denen vieles geschah, das formend auf mich eingewirkt hat. Ich wußte nur, wir haben nichts mehr zu erwarten. Ich

verlor die Erwartungshaltung. Wir können nur von uns selbst etwas erwarten, vom Menschen, und nicht von Gott.

LENZ
Also: selbst Schicksal machen, selbst Geschichte machen.

SPERBER
Da beginnt eigentlich der Gedanke der Neuzeit und der Französischen Revolution. Geschichte ist nicht das Wetter, einmal hagelt's, einmal regnet's, einmal kommt die Sonne, fast niemals paßt es. Sondern Geschichte ist das, was wir geschehen machen, geschehen lassen. Ich habe es natürlich nicht so formuliert. Aber ich glaubte von da ab tatsächlich, daß wir herausgefordert sind, also aufgefordert. Und das wurde zur bestimmenden Lebensweise. Das zu Ihrer Frage: Wann wird das Ziel deutlich?

LENZ
Ihr Werk stellt sich mir dar als eine sehr groß angelegte Selbstüberprüfung, Selbstbestimmung. Wann hast du, in welchen Augenblicken, nachdem du *dieses* erlebt hast, *diese* Entscheidungen gefällt? Wir haben festgestellt, daß den Erfahrungen Erlebnisse vorausgegangen sind in Ihrem Leben, Erlebnisse, die ganz bestimmte Entscheidungen herausforderten. Entscheidungen, die noch nicht einmal mit einem sehr konkreten Ziel verbunden waren, sondern sich darauf richteten: So wie es ist, so wie die Welt sich darstellt, darf sie nicht bleiben, so darf es unter gar keinen Umständen

weitergehen! Und nun griffen Sie ein. In Ihrem Erlebnishaushalt waren Sie fast übersättigt mit Augenblikken der Ungerechtigkeit, der Brutalität. Sie hatten Grund genug, sich aufzulehnen. Wann kam bei Ihnen so etwas heraus wie ein formulierter Entwurf dessen, was die Welt darstellen konnte, oder aber, worin sie korrigiert werden sollte?

Sperber
Sie wissen natürlich, lieber Freund, daß unser Rechtsbewußtsein aus Unrechtserlebnissen kommt, und genauso ergab sich aus diesem Negativen, dem Krieg, in dem wir lebten und der sicher der absurdeste Krieg der Weltgeschichte gewesen ist, aus ihm ergab sich als unmittelbares Ziel: der Frieden.
Wir kamen nach Wien, ich war damals im elften Lebensjahr. Und ich stellte zu meinem Erstaunen fest, daß die Wiener rundherum noch immer kriegsbegeistert erschienen. Ich konnte nicht verstehen, wie man Krieg bejahen kann. Ich war also nicht etwa verwirrt davon, sondern in einer eigenen Art betroffen. Es gehört zu den furchtbarsten Betroffenheiten meines Lebens und ist zum Teil dadurch auch mein typisches Erlebnis geworden. Zu sehen, daß die Menschen das Schreckliche nicht erkennen wollen, wenn alles doch so klar zu Tage liegt. Ich wurde Pazifist. Vor allem kam es mir darauf an, die Menschen aus dem Krieg zu befreien, sie wieder zu Menschen werden zu lassen. Die Kriegsmüdigkeit offenbarte sich erst Ende 1916, Anfang 1917, mit der wachsenden Not und zahllosen Ungeheuerlichkeiten. Wissen Sie, es war eine Friedenssehnsucht, die fast wie eine leidenschaftliche

Sehnsucht der Liebe war. Alles, was positiv ist, ist Frieden, alles, was negativ ist, ist das, worin wir leben. Ich war noch ein junger Bub, und da stellte ich fest, daß ich ja gar nicht allein war. Ich hörte von halblegalen Versammlungen von Pazifisten.

LENZ
Ich glaube, das ist eine sehr bemerkenswerte Entdekkung, daß man mit seinem unglücklichen Bewußtsein nicht allein ist, daß man nicht allein ist mit der Absage an den Wahnsinn, der sich draußen überall an den Fronten vollzieht, daß man nicht allein ist, mit seinen Wünschen, und daß man auch im formulierten Hoffen, im sehr rabiaten Hoffen, nicht allein ist. Mit anderen Worten, man findet andere, von denen man getragen wird, denen man sich zugesellt. Man findet eine Organisation.

SPERBER
Ja, das ist sehr richtig, und ich glaube, es ist ein außerordentlich wichtiger Augenblick im Leben. In einem entsteht das Bedürfnis, nicht mehr allein zu sein, und zwar in einem anderen als dem gewöhnlichen, familiären Sinn. Nicht allein sein, das heißt, nicht der einzige zu sein, der da herumgeht und sagt, ich kenne die Wahrheit. Die Wahrheit, die man allein kennt, ist ein nutzloses Geheimnis, ist ein verfaulendes Geheimnis, eine verfaulende Wahrheit.
Und da sucht man, und man findet gewöhnlich auch Gesinnungsgenossen. Die Arbeiterzeitung der Sozialdemokratischen Partei war auch schon um diese Zeit recht pazifistisch und fast revolutionär, und es gab ein

Abendblatt der Arbeiterzeitung. Es bestand nur aus zwei Seiten, also einem Blatt. Und die Zensur damals, die wischte einfach aus, was ihr nicht paßte. Ich stieß also auf diese Zeitung, dieses Blatt, kein Mensch hatte mir was gesagt, und ich sah die weißen Flecke. Ich wußte, was das bedeutete und dachte, das ist mein Blatt. Es gab fast nichts zu lesen, alles war weggewischt, außer – was weiß ich – Mord in Eifersuchtsanfällen und dergleichen mehr. Da waren aber ganz klein unten manchmal Notizen. »Im Hotel Post (oder im Hotel Continental) findet um acht Uhr abends eine Versammlung der Freunde des Friedens statt.« Da ging ich hin und fand gleichgesinnte Menschen. Und ich wußte, nicht mehr allein zu sein gehört zu den wichtigsten Dingen für den, der gegen die Welt, wie sie ist, aufsteht. Darauf kommt es dann an: die Gemeinschaft zu finden. Und die findet man immer. Und das möchte ich all denen – vor allem den jungen Menschen – sagen, die verzweifeln. Man ist niemals allein mit seiner Wahrheit. Wenn sie etwas wert ist, dann gibt es soundsoviele, die daran ebenso verzweifeln wollen, daß sie vielleicht die einzigen sind. Aber sie sind es nicht.

LENZ
Sie sind nach Wien gekommen mit prägenden Erlebnissen, mit Gewißheiten. Sie haben Freunde kennengelernt, die die gleichen Hoffnungen hatten, die gleichen Ängste und Befürchtungen wie Sie. Freunde, die Sie bestätigten, die Sie aufnahmen in ihren Kreis. Und die Sie darin bestärkten, daß jetzt die Zeit des Handelns, nicht nur die Zeit des Hoffens, gekommen war.

Wie stellten Sie sich Ihr mögliches Handeln damals vor, zusammen mit den anderen? Im Sinne eines Protestes oder bereits mit einem formulierten Gegenentwurf gegen die Zeit? Sie hatten den Krieg miterlebt, den Wahnsinn des Krieges am eigenen Leib erfahren. Wie konnten Sie darauf antworten, und welche mögliche Antwort sahen Sie überhaupt?

SPERBER
Ich glaube, ich hätte schon früher erwähnen müssen, daß die Lektüre in meinem Leben eine sehr große Rolle gespielt hat. Ich komme aus einer Familie des Buches. Man kam im Hause meiner Eltern zusammen und las, las vor. Somit wurde ich sehr früh, schon als Kind, ein leidenschaftlicher Leser. Und nun will ich auf Ihre Frage kommen. Ich muß da zunächst von einem Mann sprechen: von Gustav Landauer. Er war ein merkwürdiger Mann, ein eigenwilliger Denker und Revolutionär, und sein Buch, der *Aufruf zum Sozialismus*, hatte ungeheure Bedeutung für mich und meinesgleichen. Es war ein Sozialismus, bei dem das Wort Gemeinschaft eine größere Rolle spielte als Gesellschaft. Bei dem die Person, der einzelne Mensch, wichtiger war als die ganze Phraseologie.

LENZ
Sie haben es einmal den klassenlosen Sozialismus genannt.

SPERBER
Das ist es. Das ist der klassenlose und vor allem auch der herrschaftslose Sozialismus. Das ist das Wichtige.

Also nicht der zum »Monstrum Staat« degenerierte Sozialismus, wie wir ihn heute in den sozialistischen Staaten kennen. Als wir im Mai 1919, einige Monate nach der Revolution, nach dem Sturz der Monarchie, erfuhren, wie Gustav Landauer gefoltert und getötet worden war, wurden sein Beispiel, sein Buch, seine Worte mehr als das, was sie waren. Pascal hat gesagt: Ich glaube nur an die Zeugenschaft jener, die bereit sind, sich für ihre Wahrheit umbringen zu lassen. Landauer hatte einen Sozialismus entworfen, der sich an den Einzelnen wandte und die Menschen dahin führte, daß sie tatsächlich Gemeinschaften bildeten, ein System von Gemeinschaften, die sich ineinanderfügen. Eben nicht dieses Glück im Winkel, sondern viele Winkel, die miteinander verbunden sind. Das war der Entwurf, der mich aufs tiefste beeindruckte, und damals entstand der Gedanke des Kibbuz. Ich war in einer jüdischen Jugendbewegung, die nicht nationalistisch war; sie war in ihrer Haltung und ihren Verhaltensweisen stark von der deutschen Jugendbewegung beeinflußt. Wir sangen Landsknechtslieder, chassidische Lieder, und viele meiner Freunde sind dann auch nach Palästina gegangen, mit ihrer Bibel im Rucksack, an die sie nicht mehr glaubten, mit einem Roman von Dostojewski natürlich, und mit schlechten, kaum noch brauchbaren Revolvern mit sehr wenig Munition. Sie haben den Boden entsumpft und haben auf dem entsumpften, entsteinten Boden dann den Kibbuz gegründet. Wie Sie wissen, ist das ja von allen Lebensgemeinschaften dieser Art, die seit dem vorigen Jahrhundert gegründet wurden, die einzige, die sich wirklich bewährt hat und lebendig geblieben ist.

LENZ

Sie haben aber bereits eine sehr entscheidende Vorbedingung genannt für die revolutionäre Tat, oder sagen wir allgemeiner, für revolutionären Aktionismus. Durch Beispiele beglaubigt, durch Ihre Erlebnisse, die Sie am Anfang erwähnt haben, durch das Beispiel von Landauer und durch Lektüre. Ich möchte Sie fragen, was Sie davon halten, daß Lektüre offenbar eine Lieblingsbeschäftigung vieler Revolutionäre war. Revolutionäre waren fast ausnahmslos orgiastische Leser. Gibt Ihnen das nicht zu denken, daß vor der revolutionären Tat sehr häufig die Lektüre steht? Wirft diese Tatsache unter Umständen ein Licht auf das Realitätsverhältnis des Revolutionärs?

SPERBER

Das ist sicher wahr. Ich glaube aber, was Sie sagen, läßt auch eine andere Vermutung aufkommen, die ganz interessant ist. Woher empfängt er Impulse?

LENZ

Ich muß nach den Möglichkeiten zu handeln fragen. Was bleibt dem Revolutionär, dem Schriftsteller, aktiv zu sein?

SPERBER

Beginnen wir mit der Lektüre, nach der Sie fragten. Die Lektüre ist eine Erweiterung der eigenen Erfahrung, der eigenen Erlebnisse, man parasitiert sozusagen an fremden Erlebnissen, indem man einen Roman liest, aber auch umgekehrt: man setzt sich damit auseinander. Dann lernt man etwas daraus für das Tun und Nichttun, für das Erleben und Nichterleben. Ein ungeheuer wichtiges Erlebnis für mich: Kurz vor dem Ende des Krieges geschah eine merkwürdige Sache in einem Wiener Theater, das in der Nähe unserer Wohnung war. Ein Soldat, der auf Urlaub war, schoß auf die Bühne, auf der man gerade die dramatisierte Fassung von Dostojewskis *Schuld und Sühne* spielte. Er schoß auf den Polizeikommissar, der Raskolnikow verhörte. Und weil man davon sprach, ging ich hin. Das erste Mal, daß ich im Theater war, jedenfalls in dieser Art von Theater. Und dann las ich Dostojewski. Die Wirkung Dostojewskis auf manche jungen Menschen war ja ungeheuer – auch auf Sie, obwohl Sie, wie ich glaube, eine ganze Generation jünger sind. Dostojewski begann ja, fast ohne es zu wollen, eine revolutionäre Laufbahn, wurde zur Zwangsarbeit in Sibirien verurteilt, kam heraus und wurde mit der Zeit das, was man einen Konservativen nennt. In Wirklichkeit blieb er einer der revolutionärsten Denker bis zum Ende seines Lebens.

Lenz
Sie sprechen von Dostojewski, lieber Herr Sperber. Abgesehen von Lektüre, von Erlebnissen, die wir erwähnt haben – ist nicht eine von Dostojewski hergeleitete Philosophie des Erbarmens und des Mitleids auch nicht nur im sozialen Sinne für Ihre eigene revolutionäre Begeisterung ausschlaggebend gewesen?

Sperber
Da gibt es ein altes deutsches Wort, für das man im Französischen sagen würde: sensibilité, die *Empfind-*

samkeit. Jeder Schriftsteller hat eine besondere Empfindsamkeit und eine eigene, eigenartige: die Empfindsamkeit gegenüber den leidenden Menschen.

LENZ
»Mann, Mann, ohne Mitleid geht es nicht!« Es geht ganz programmatisch.

SPERBER
Das trifft gewiß für Menschen zu, die aus Osteuropa oder dem östlichen Mitteleuropa kommen. Ungeheure Armut gekannt zu haben und die Demütigung, die Sie schon erwähnten – das erzeugt eine ungewöhnliche und dauerhafte Empfindsamkeit. Es ist gleich, in welche Lebenslage man dann kommen mag, man reagiert fast wie in einem Reflex, so oft man Zeuge der Demütigung eines Menschen, der Vergewaltigung seines Willens oder der Mißhandlung eines Pferdes wird. Nun kommt das alles nicht nur von Dostojewski her, das möchte ich noch sagen. Richtig ist, ich fühle mich in der Linie Dostojewskis. Seine Romane, obschon so ungeheuer reich an Handlung, sind durch eine Idee bestimmt, die er verfolgt und von der er verfolgt wird.
Ich nenne sie deshalb philosophische Romane. Ich habe, glaube ich, in meiner Romantrilogie, in anderer Form übrigens auch in meiner Autobiographie, immer eine Art von philosophischer Lebenserwägung zugleich mit einer Lebensdarstellung und einem Geschehnisbericht zu bieten gesucht. Es ist mein Wesen, wie es geworden ist und vielleicht, wenn man will, das Schicksal, aber ich mag das Wort Schicksal nicht. Ich habe niemals richtig Wurzeln gefaßt in der Selbstver-

ständlichkeit. Die Zustände sind für mich nicht selbstverständlich.

Lenz
Alles ist fragwürdig im allerbesten und weitesten Sinne.

Sperber
Und darin ist Dostojewski in einem gewissen Sinne der Gründer einer philosophischen Romanliteratur, obwohl viele Leser es gar nicht merken. Für die meisten geht es um den Mord an der alten Wucherin oder um ein ähnliches äußeres Geschehen. Aber Dostojewski hatte ja nicht nur diese »Empfindsamkeit«, er war auch überzeugt davon, daß er politisch tätig eingreifen müßte. Er hat dann fast immer falsch eingegriffen, denn seine Position ließ sich nicht auf eine Formel bringen. Als er gestorben war, folgten seinem Sarge die Würdenträger der orthodoxen Kirche und der Polizeipräsident und die Adelsvertreter und hinter ihnen junge Leute, die Ketten mit sich trugen, um daran zu erinnern: er war ein Revolutionär, der in Ketten durch Rußland gegangen war. Was verbindet mich mit Dostojewski? Wenn mich einer fragte, zu welcher Partei gehören Sie denn, würde ich antworten: Im Hinblick auf die Ziele gibt es eigentlich gar keine Probleme. Die meisten Menschen, die ein Gewissen haben und eine Verantwortlichkeit fühlen, wissen, daß die Dinge geändert werden müssen. Aber sonst gehöre ich eigentlich nirgends hin, fühle mich gleichzeitig aber mit zahllosen Menschen solidarisch. Aber diese Selbstverständlichkeit, die besagt: nur *so* ist es richtig, die ist mir

abhanden gekommen, sofern ich sie je gehabt habe. Und vielleicht kommt daher das ungeheure Bedürfnis, die Dinge klar herauszuarbeiten, wenn ich schreibe – in meinen Essays oder auch in meiner Autobiographie. Nichts ist selbstverständlich.

LENZ
Nun, lieber Herr Sperber, ich glaube aber, alle Theoretiker und alle Mystiker der Revolution oder der Revolte stimmen doch darin überein, daß Revolte und Revolution ein – wenn auch nur begrenztes – Ziel haben. Alle haben ihre bestimmten konkreten Ziele. Manchmal allerdings kann die Revolte über sich hinausweisen, indem sie einem Elan folgt, der sozusagen unbegrenzt ist. 1968 haben wir es erlebt, oder bei der unheilvollen Kulturrevolution in China, die selbst kein ursprünglich begrenztes Ziel hatte, sondern anderen Zielen diente. In dem Augenblick, als Sie revolutionär auftraten – welche Gewißheiten gab es da für Sie, und welche Gewißheiten boten Sie den Menschen an, die Sie zu überzeugen, die Sie zu sammeln versuchten? Der schwierigste, der sublimste, vielleicht sogar der gewalttätigste Prozeß, den es überhaupt gibt, ist ja wohl der, andere zu überzeugen, sie zu erschüttern, sie zu befreien aus ihren Geborgenheiten, aus ihren Glaubenssicherheiten, und sie herüberzuziehen auf die eigene Seite, im Vertrauen darauf, daß die Macht der großen Zahl etwas bewirkt.

SPERBER
Die Macht der großen Zahl und gleichzeitig der äußeren Intensität, mit der man für eine Sache eintritt, die

nicht eine Parteinahme begleitet, sondern eine Leidenschaft.

LENZ
Eine Leidenschaft. Ich denke an die überzeugten »Wirs«, die Sie so genannt haben, an die vereinzelten »Wirs«, die sich zusammenfinden und die dann wirken mit dem Argument ihrer Zahl, aber auch mit dem Argument ihrer Leidenschaft, ihrer politischen Leidenschaft, der eine Überzeugung vorausgegangen ist, die Hoffnungen einklagt.

SPERBER
Wissen Sie, Sie bringen mich in einer sehr umsichtigen Art immer mehr dazu, die Elemente meines Lebens und meines Tuns zu erweitern. Also bin ich nun gezwungen, um Ihrer vielschichtigen Frage halbwegs gerecht zu werden, doch einige Tatsachen mitzuteilen. Ich kam in das Seminar des Gründers der Individualpsychologie, Alfred Adler, der die Hörer, zumeist junge Menschen – auch ich war sehr jung – ermutigte . . .

LENZ
Sie waren neunzehn Jahre alt, glaube ich.

SPERBER
Nein, nein – jünger. Es war im Dezember 1921, ich war gerade sechzehn, kam aus der Lungenheilanstalt zurück, noch nicht richtig geheilt. Wenig später wurde ich einer der Referenten und wählte das Thema: »Psychologie des Revolutionärs«. Im Großen und Ganzen

kann man sagen, daß ich das Thema seither nie aufgegeben habe. Ich bin ihm und es ist mir treu geblieben. Es ging darum, zu zeigen, daß man zwar den Menschen gegenüber mißtrauisch sein muß, weil sie alles an Zuständen ertragen haben und ertragen. Aber gleichzeitig bedarf es eines unendlichen Vertrauens in die Möglichkeiten des Menschen. Beides ist gegeben. Immer steht man vor zwei Türen oder Toren. Man kann durch das eine gehen oder das andere. Ich glaube, daß die meisten Menschen durch das falsche Tor gehen, nicht, weil sie es wollen, sondern es ergibt sich so; sie sind irregeführt durch viele Dinge. Aber dann gibt es auch die anderen, die, weil sie alles in Frage stellen, von sich aus entscheiden, wissend und bewußt durch dieses Tor zu gehen, in diese Richtung zu gehen, auch wenn der Weg sehr weit sein sollte.

Lenz
Woher kommt dieses Bewußtsein, diese Selbstsicherheit: es muß dieses Tor sein?

Sperber
Ich hatte sehr viel über die russischen Revolutionäre gelesen. Die einzelnen Menschen kannte ich sozusagen – bis heute sind sie mir fast wie intime Weggenossen in Erinnerung geblieben. Das gab mir ein großes Selbstsicherheitsgefühl. Ich nannte das, die Welt in Augenhöhe betrachten, die Minister, die Führer und alle da »oben«. Die meisten Menschen betrachten die Welt wie mit einer alten Box, einem alten Fotoapparat, sie fotografieren vom Bauch her. Ich fotografierte in Augenhöhe. In Augenhöhe sehen und wissen: letzt-

lich sind das Menschen, die eingespannt sind in die Mechanismen der Macht. Vielleicht wird man sagen, ich war hochmütig, aber es war nicht Hochmut, sondern eher Wissensgier, die mich drängte, mit Kühnheit und Selbstsicherheit die ganzen Machtmechanismen zu studieren. Dann kann man mit ihnen besser fertig werden, in Bezug auf sie gescheiter handeln. Stets muß man aber wissen, wie begrenzt man ist, wenn man allein bleibt und allein handeln soll.

LENZ
Das ist auch eine Legitimation des Revolutionärs, daß er stellvertretend handelt im Namen anderer.

SPERBER
Er ist stets ein Delegierter, auch wenn niemand ihn gewählt hat. Er ist der Bote, der Abgesandte von Leuten, die nicht wissen, daß es ihn gibt, geschweige denn, daß sie ihn gesandt haben. Eine groteske Situation! Er sagt: ich spreche im Namen der Unterdrückten, aber sie haben mich nicht dazu aufgefordert.

LENZ
Ich habe dazu noch eine Frage, Herr Sperber. Woher kommt – Sie haben dieses Wort in unser Gespräch gebracht – das »Bewußtsein« des Revolutionärs, das es ihm geraten oder angezeigt erscheinen läßt, jetzt, in diesem Augenblick, in dieser Richtung zu handeln? Woher hat er das Bewußtsein? Ist es, von Djilas her gesehen, dem bemerkenswerten Theoretiker der Revolution, die Unvermeidlichkeit im Psychologischen, im Moralischen oder Physischen oder Ökonomischen,

oder läßt ihn alles zusammen handeln? Und woher nimmt er die Gewißheit, daß der Weg, den er weist, auch der Weg aller sein kann? Denn ihm muß doch klar sein, daß eine Richtung zu zeigen bereits ein Herrschaftsmittel ist, und daß Gewißheiten anzubieten eine Möglichkeit zu herrschen darstellt. Mit anderen Worten, daß das, was er anbietet – wir können es auch mit Weber »Heilsgut« nennen –, etwas ist, von dem er selbst in dem Augenblick zwar durchdrungen sein kann, das sich aber schließlich nur als vorläufige Valuta herausstellt.

SPERBER
Es ist schade, daß wir nicht zwanzig Stunden zusammensitzen können, weil das Themen sind, über die ich sehr viel nachgedacht habe, ebenso wie Sie ja auch, und wo vieles überhaupt erst einmal wie Kartoffeln aus der Erde herausgegraben werden müßte, bevor man weiß, was es ist. Ich kann Ihnen also jetzt nur sehr abgekürzt antworten – mit dem Gefühl, daß das nur eine vorläufige Antwort, ein Ansatz zu einer Antwort ist. Wissen Sie, ich habe dieses Bild vor mir, das Sie sicher kennen: die Gefahr, in der ein Mensch ist, der über eine Brücke geht, die es noch nicht gibt. Die Brücke wächst Stück für Stück unter seinen Füßen, wenn er den Mut aufbringt, den Fuß über den Abgrund zu setzen. Leider sind die meisten, die sich Revolutionäre nennen, nichts anderes als Parteileute, und die glauben natürlich, die Brücke ist da. Wenn man ihnen folgt, kommt man sicher ans andere Ufer. Ich bin ein Revolutionär, der sehr früh begonnen hat, sich vorzustellen, daß es vielleicht ein solches Ufer gar nicht gibt. Und ich

wußte sehr bald, daß die Brücke nicht halten muß und daß ich in den Abgrund stürzen kann. Aber ich fand einen Sinn in meinem Leben, daß ich dieses Wagnis unternahm, daß ich nicht ununterbrochen auf dem gleichen Weg hin und her gehe. Gewißheiten erlangt man nicht dadurch, daß man weiß, man hat eine Versicherung! Es ist fast umgekehrt. Alles ist ungewiß, man muß wählen. Also wähle ich und kann mich irren. Tragisch wird es, wenn man hinter sich Menschen hat, und die Brücke setzt sich nicht unter den Füßen fort – man stürzt in den Abgrund und trägt die Verantwortung für die anderen. Da nutzt das eigene Schuldbekenntnis nicht viel. Das ist ein Teil der Tragödie meines Lebens und des Lebens vieler meinesgleichen. Wir haben den Fehler begangen, den in jeder Generation einige begangen haben. Nur in unserer Generation, unserem Jahrhundert, das ja ein aufgespaltenes, aufgerissenes Jahrhundert ist, kam dieser Fehler besonders häufig vor, nämlich die Einbildung, gerade jetzt wäre der Augenblick, in dem die Welt reif ist, sich völlig zu verändern. Wir hatten unrecht. Die Welt ist noch nicht reif. Unrecht wie Dutzende von Generationen vor uns, um nicht zu sagen, Hunderte von Generationen.

LENZ
Aber Sie und Ihresgleichen waren natürlich privilegiert, den Schmerz auszuhalten, den jeweiligen Schmerz.

Sperber
Um einen Sinn in der Niederlage zu finden. Gewiß, das ist auch eine Art von Genugtuung, die Dinge direkt in Augenhöhe zu betrachten.
Wenn Lenin zum Beispiel im letzten Augenblick seine gerade Linie ändert und Trotzkist wird – er glaubte ja nicht, daß man Revolution machen müßte, sondern daß sie kommen würde –, wird er Trotzkist, und Trotzki wird Leninist. Darin wird doch die ganze Fragwürdigkeit der politischen Dogmen und Linien deutlich, und wie wenig gewiß die Gewißheiten sind. Es sind sozusagen Fetzen von Gewißheiten, die man mit roten Fahnen oder Parolen dekoriert.

Lenz
Herr Sperber, darf ich noch einmal auf eine andere Frage zurückkommen? Obwohl Sie in fast ironischer Selbsteinschätzung einmal gesagt haben, daß Sie sehr spät Schriftsteller geworden seien, glaube ich, wenn ich mir Ihr Werk in Erinnerung rufe, daß Sie es schon sehr früh waren. Schon als Sie bei Adler Assistent waren, mit ihm psychologische Seminare machten und eigentlich nicht geschrieben, nicht publiziert haben, waren Sie durchaus Schriftsteller, konnten als Schriftsteller definiert werden. Ein Schriftsteller ist man ja nicht nur, wenn man schreibt, sondern auch, wenn man in anderen Berufen tätig ist. Ein Schriftsteller bleibt man sozusagen.

Sperber
Das ist richtig. Ich habe mir sehr früh gewünscht zu schreiben, und ich habe in der Tat . . .

Lenz
Ihre psychologischen Kollegs in Wien, in Berlin, die Sie 1933 aufgeschrieben haben und die jetzt, nach 45 Jahren, erschienen sind, zeigen in jeder Weise, daß Sie ein Schriftsteller waren vom ersten Augenblick an.

Sperber
Ich freue mich, das zu hören.

Lenz
In diesem Zusammenhang gefragt: Wie schätzen Sie die Rolle des Schriftstellers ein, der revolutionär wirksam sein will? Ich denke dabei etwa an die skeptischen Äußerungen von Liebknecht, als Toller sich in München in einer ganz bestimmten politischen Situation wenig politisch verhielt. Ich denke daran, wie problematisch sich andere Schriftsteller in politischen Situationen verhielten, indem sie etwa Ereignisse auf den Barrikaden als Kunstwerk nahmen, als Schauspiel, als ästhetischen Vorgang. Das zeigt doch die sehr ambivalente, sehr eingeschränkte Möglichkeit des Schriftstellers, Revolutionen zu begleiten. Oder aber, wenn sie schon nicht selbst, wie Nietzsche sagte, »Dynamit im Kopf haben«, daß sie dann zu einer Art begleitender Betrachtung kommen, die zumindest die Revolutionäre selbst immer wieder zu einer sehr skeptischen Einschätzung des Schriftstellers und seiner Rolle in Revolutionen gebracht hat. Wie, lieber Herr Sperber, das wollte ich Sie fragen, wie sehen Sie in dieser Hinsicht die Rolle des Schriftstellers, der zum Wortführer der Revolution wird, der mit seinen Brandfackeln, mit seinen Leuchtzeichen und Leuchtfeuern, die er auf-

richtet, zwar Signale geben kann, sich aber dann, im entscheidenden Augenblick, der Verantwortung entzieht? Oder aber Spielarten der Verkennung zeigt, die manchmal tödlich sein können?

SPERBER
Sie werfen immer wieder so interessante Fragen auf, daß man geneigt ist zu sagen: Jetzt müßte man erst einmal die Voraussetzungen dieser Feststellungen oder Fragestellungen definieren.

LENZ
Meine Fragen sind auf Sie bezogen, lieber Herr Sperber. Eines Ihrer Schlüsselworte heißt Adresse, und ich adressiere das alles an Sie.

SPERBER
Zunächst einmal möchte ich Ihnen etwas sagen, das tröstlich ist für Schriftsteller, und nicht nur für sie. Genau beweisen kann man es nicht, aber man kann es, glaube ich, als bewiesen unterstellen. So wie der Wind mehr Blütenstaub trägt, als man braucht, um alle Bäume zu befruchten, tragen auch Worte. Aufgrund der zahllosen Briefe, die Sie sicher bekommen, wissen Sie, wie merkwürdig die Menschen auf das reagieren, was sie lesen. Dabei schreiben ja nur ganz wenige Leute, gemessen an der Zahl der Leser. Im Kopf habe ich zahllose Briefe an Schriftsteller entworfen, als ich ein junger Leser war, aber ich habe sie nie wirklich geschrieben. Das heißt, daß Geschriebenes wahrscheinlich viel mehr bewirkt, als man weiß. Wir wissen nicht, können nicht wissen, wie sehr zum Beispiel Literatur

die meisten Menschen erst die romantische Liebe gelehrt hat. Wie man sich sagt »Ich liebe dich«, wie man einer Frau den Hof macht und so weiter und so fort. Es gab Liebesbriefsteller, deren Briefe man abschrieb. Eine durchaus legitime Sache, denn die Menschen wußten ja nicht, wie man das macht. All das will sagen: wir können nicht beurteilen, was alles wir bewirken. Ebenso können wir nur schwer beurteilen, was alles in die falsche Kehle gerät. Die Gefahr des Mißverstehens ist nicht nur beim Mißerfolg, sondern auch beim Erfolg ungeheuer groß. Immer wieder schreibe ich Vorworte oder Einleitungen. Oft bewirken sie gar nichts. Doch zum Thema: Sie haben viele Beispiele der Wirkung des Schriftstellers auf die Revolution genannt. Sie können beliebig vermehrt werden, wie Sie wissen. Ich möchte von einem Autor sprechen, der leider jetzt kaum mehr gelesen wird. Es ist der Essayist Sébastien Nicolas Chamfort, einer der witzigsten Schriftsteller vor der Französischen Revolution. Er hat sicher ungeheuer viel zersetzt und die Revolution vorbereitet. Er hat, als ihn Robespierres Leute zum zweiten Mal verhaften wollten, sich selbst erstochen. So oder ähnlich ist es vielen ergangen, die nicht nur Vorläufer, Verkünder, sondern auch Wegbereiter der Revolution gewesen sind. Es sind in Wirklichkeit zwei verschiedene Ebenen, auf denen es sich abspielt. Der Schriftsteller mochte sich zu einer Partei bekennen, zu einer Revolution. Aber die neue Wirklichkeit entsprach immer weniger der angestrebten, von den Revolutionären versprochenen Übereinstimmung. Daher das Abweichen der Intellektuellen, das von den Machthabern als »Verrat« gebrandmarkt wird.

Lenz
Kafka gebrauchte einmal die geheimnisvollen Worte, die ich auf den revolutionären Schriftsteller anwenden möchte: »Ist ein Wegweiser gezwungen, den Weg, den er anzeigt, auch selbst zu gehen?« Bis zum Ende zu gehen? Das ist die Frage, eine sehr substantielle Frage. Muß er diesen Weg gehen – oder genügt es bereits, daß er sagt, von hier aus sind es nur noch zwölf Kilometer bis zur Revolution? Man könnte den Schriftsteller also freisprechen und sagen, es genügt vollkommen, wenn er den Weg weist, wenn er die Signale gibt.

Sperber
Er erweckt die Menschen, und das ist schon ungeheuer viel. Die Menschen verschlafen einen großen Teil ihres Lebens, nicht nur im Bett.

Lenz
Ja, aber wenn er die Folgen katastrophal unterschätzt und sich dann unbekümmert zeigt um die Resultate seiner Erweckungsbemühungen?

Sperber
Da möchte ich doch meinen stadtbekannten Kollegen Goethe zitieren, der, als Benjamin Constant ihn fragte: »Fühlen Sie sich nicht verantwortlich dafür, daß Leute, die Ihren Werther gelesen haben, sich umbringen wollen?« geantwortet hat: »Wissen Sie, ich bemühe mich, mein Werk so gut zu machen, wie ich kann. Was dann damit geschieht, das geht mich nichts an.« Wie wir wissen, war Goethe in der Tat ein Mann, der viele Verantwortungen von sich gewiesen hat.

Aber die Frage ist doch: kann der Schriftsteller wirklich die Verantwortung für alles tragen, was seine Werke bewirken? Nehmen Sie Heinrich Heine. Er war zweifellos einer der revolutionärsten Geister, die es in der deutschen Literatur des neunzehnten Jahrhunderts gegeben hat. Heinrich Heine hat zugleich den Aufruf zur Revolution geschrieben, den Spott gegen die herrschende Gesellschaft, und er hat in sehr klugen Essays gezeigt, daß es verteufelt schlimm zugehen würde, wenn die Revolution siegen sollte. Da haben Sie ein sehr »weitläufiges« Bewußtsein. Wofür sollte er verantwortlich gemacht werden? Man kann finden, daß Zustände unerträglich sind, und man kann zugleich finden, daß man nicht das Recht hat, zu den Zuständen zu schweigen. Aber man kann auch sagen: Ich glaube nicht, daß man sie jetzt von Grund auf zu ändern vermag. Und gerade dieses Beweises sind wir ja Zeugen geworden.

LENZ
Und der Revolutionär Manès Sperber? Hat er, als er handelte, irgendwann Augenblicke erlebt, in denen er vom Zweifel unterwandert wurde?

SPERBER
Ja, natürlich.

LENZ
In der ersten Zeit bereits?

Sperber

Ich kann's Ihnen kurz erzählen. Hoffentlich gelingt es mir, kurz zu sein. Es ist so, daß ich aufgrund meiner Jugenderziehung gegen Parteien war. Und mit Recht. Was gegen Parteien zu sagen ist, das gilt auch heute wie vorgestern und gestern.

Lenz

Aber es spricht auch einiges für sie.

Sperber

Ja, selbstverständlich. Die Partei ist das Instrument, Revolution zu machen. Das muß man akzeptieren. Damals war es noch nicht so weit, daß die Partei sich aus einem Instrument in eine Macht verwandelte, daß sie selbst diktierte und sich nicht mehr als Mittel ansah, sondern als Ziel. Damals war keine Rede davon, daß Revolution dazu da ist, um einen Stalin zur totalitären Macht zu bringen oder die Partei, eine Parteiclique und dergleichen mehr. Für uns war das eine Übergangsphase. Der Staat sollte ja sofort absterben, hatte Lenin ein paar Monate vor der Oktoberrevolution geschrieben. Aber ich hatte Zweifel an jeder Art von Partei, am parteiischen Denken. Wir gaben einen Kredit, wir haben im Futurum konjugiert, mit der Zukunftszeit gerechnet. Wir sagten: Es ist noch nicht, aber es wird morgen sein. Wie der berühmte Schwindel mit »morgen wird gratis rasiert«. Sie wissen ja, in allen französischen Dörfern steht beim Barbier draußen ein Schild »Morgen wird gratis rasiert«. Dann kommt der Bauer und sagt, morgen komm' ich und laß mich rasieren. Morgen kommt er und der Friseur sagt . . .

Lenz
Morgen . . .

Sperber
Ja, heute ist nicht morgen und morgen kommt nie. Kein Tag ist morgen, sondern immer ist morgen das, was sein wird und aufhören wird zu sein, sobald es Gegenwart geworden sein wird. Ich bin also skeptisch geworden, vor allem im Zusammenhang mit dem Terror. Ich habe von Anfang an, ich möchte fast sagen, gelitten unter der Terrorfrage. Nicht nur unter dem individuellen Terror, den ich ablehne und verabscheue, sondern auch unter dem staatlichen Terror.
Es gibt eine Auseinandersetzung zwischen Kautsky und Trotzki. Trotzki schrieb viel besser als Kautsky. Jetzt weiß ich, daß Kautsky recht gehabt hat. Aber es war nicht einfach, das zu akzeptieren. Ich habe gehört, daß Leute auf den Bahnhöfen aus den Zügen geholt wurden und ihre Hände zeigen mußten. Wenn das nicht schwielige Hände waren, wurden sie erschossen. Das geschah nicht jeden Tag, aber es geschah. Und wenn man gleichzeitig daran glaubt, daß die Revolution da ist, um den Menschen zu retten, dann ist das unerträglich. Der Zweifel steigerte sich in dem Ausmaße, wie die kommunistische Partei zur bolschewikischen und die bolschewikische Partei zu einem Instrument eines Machtapparates wurde. Ich wollte mit der Partei brechen, im Jahre 1932, als sich ihre Politik in Deutschland als völlig falsch erwies. Aber da war bereits die Gefahr des Nazismus nahe, der mußte bekämpft werden, und das ging nur an der Seite der Partei.

Lenz
Und sie war mittlerweile Heimat für Sie geworden.

Sperber
Ja, aber mit Einschränkungen. Die Partei hat die ganze Zeit von 1925 bis 1933 immer wieder gesagt: Morgen nachmittag ist die Revolution, spätestens übermorgen um neun Uhr früh machen wir Revolution. Und als es Zeit war, zu kämpfen, wurde die Parole ausgegeben, es wird nicht gekämpft. Man ist kampflos vor Hitler zurückgewichen. Das war ein Grund, wegzugehen. Aber wohin gehen, wenn man glaubte, morgen wird man doch irgendwo kämpfen müssen?
Sie sehen also, wir standen unter der Erpressung der Umstände. Ich habe dann mit der Partei gebrochen, als die Partei, das heißt die Sowjetunion, verlangte, daß ich zum nächtlichen Himmel hinaufschauen soll und zugeben, daß es Tag ist und daß Nebel und Finsternis von der Sonne beschienen werden. Das war während der großen Schauprozesse. Alles wurde da zur Lüge. Da brach ich mit der Partei, weil ich etwas habe, was man *logische Intoleranz* nennen könnte. Wissen Sie, alles verliert seinen Wert, wenn es nicht das Kriterium der Wahrheit oder die Suche nach der Wahrheit gibt. Ein Schriftsteller, also ein geistiger Arbeiter, der sich nicht dieser absoluten Forderung verpflichtet fühlt, zu sagen oder zu schreiben, was er für wahr hält, sondern aus Parteidisziplin, Staatsraison, sagt, was nicht wahr ist, es fälschlich oder schwindelhaft als Wahrheit ausgibt, ja, warum tut der denn nicht etwas anderes, wird Parteifunktionär oder geht in einen anderen Beruf?

Lenz
Nun muß man aber sagen, daß es für den Revolutionär eine eigene Wahrheit gibt. Es gibt zwar die allgemeine, verbindliche Wahrheit der Realien, aber es gibt doch eine Wahrheit, die man dem Revolutionär zugute halten muß: die subjektive Wahrheit der Revolution, in deren Namen er handelt oder in deren gutem Glauben er handelt. Ist das zugestanden?

Sperber
Ja, aber das ist nur der eine Teil. Die negative Wahrheit ist billig. Auch Hitler hat die negative Wahrheit benutzt auf dem Weg zur Macht. Gegen die Arbeitslosigkeit, gegen den Versailler Friedensvertrag, all das waren negative Wahrheiten. Da gibt es gar keinen Zweifel. Das genügt aber eben nicht. Alle nihilistische Wahrheit trägt in sich bereits das Gift der Vernichtung wirklicher Wahrheit. Ich begann, Romane zu schreiben, ohne die Gewißheit, ob ich den Krieg überleben würde. Romane – und nicht, sagen wir, ein Buch der Geschichte der Revolution, der verratenen Revolution.
Ich komme schon wieder zum Liebesbeispiel. Wenn Sie irgendwo schreiben, der Mann hat die Frau, die Frau hat den Mann geliebt, dann kamen Streitigkeiten, und sie sind auseinandergegangen, so ist das eigentlich eine leere Mitteilung, außer für das Standesamt. Sie müssen den Leser erleben lassen, wie die Liebe in diesen Menschen entstand, Wurzel faßte, wie sie zum Inhalt ihres Lebens wurde. Sie müssen den Leser durch all das hindurchführen, damit ihn dann der Bruch, die furchtbare Etappe des Sterbens, die jeder Bruch in der

Liebe ist, wie ein eigenes Unglück trifft. Meine Geschichte war: Ein junger Mann und die Partei. Im Grunde mit all den Stationen von der ersten blinden Begeisterung bis zum Bruch, zur Leere, wie sie auch eine tragische Liebesgeschichte enthält. Wissen Sie, es hat Kritiker gegeben, die geschrieben haben, daß der erste Band meiner Trilogie *Wie eine Träne im Ozean* ein trojanisches Pferd sei, daß ich in Wirklichkeit Kommunist bin, also Propaganda mache, und daß es nur so aussieht, als sei ich gegen den Kommunismus. Und diese Kritiker haben, zum Teil jedenfalls, nicht unrecht. Ich habe kein Wort gegen Kommunisten geschrieben, ich habe auch nicht gegen die kommunistische Idee und die Partei geschrieben. Ich habe von einem schändlich Betrogenen berichtet. Aber dieser schändlich Betrogene hat an dem Betrug teilgenommen. Im römischen Symposium über mich und meine Werke wollte wohl einer der Beteiligten zu meinem Ruhme sprechen, als er sagte: Herr Sperber gehört zu der Generation der Verratenen. Da habe ich ihn korrigiert und erklärt: Ich habe mitverraten. Und das ist ja das Drama. Man wird aus der Verantwortung nicht entlassen. Jeder hat das Recht, sich zu irren. Aber im Irrtum zu verharren, ist teuflisch, hieß es im Mittelalter. Unser Weg führt über Umwege und Abwege. Es ging mir darum, meine Leser erleben zu lassen, mit welch hingebungsvoller Treue Menschen in einer schlimmen Zeit alle Gefahren auf sich genommen haben, um erstens einmal das Schändliche aus der Welt zu schaffen und dann das Richtige, für alle Richtige, aufzubauen.

LENZ

Dojno Faber, eine Ihrer unvergessenen Romanfiguren, sagt, daß Augenblicke der Liebe – und er meint ja nicht die Liebe nur zu einem Menschen – daß Augenblicke der Liebe nicht vergeudet sind, wenn sie exemplarisch durchlebt werden wie in seinem Leben. Ich setze voraus, daß dies auch für Ihr Leben zutrifft. Darum möchte ich in Ihrer Biographie noch einmal zurückgehen zu dem Zeitpunkt, als Sie wieder einmal von Zweifeln befallen waren. Zweifeln in dem Augenblick, als Sie erkennen mußten, daß die Utopie, die Sie und Ihre Freunde einlösen wollten, korrumpiert wurde durch Terror, den Sie vorher erwähnt haben – einen Terror, den Sie nicht billigen konnten. Und dennoch blieben Sie dabei, in einer Art Solidarität, die sich angesichts der politischen Entwicklung in Europa als letzte Möglichkeit empfahl, dem nationalsozialistischen Unheil zu begegnen. Sie fanden sich mit vielen Ihresgleichen, aber auch mit Menschen, die in der politischen Nachbarschaft angesiedelt waren, in einer Aktionsgemeinschaft gegen den Faschismus. Das bestimmte Ihr Handeln. Hieß das schon damals, daß die Utopie, die Sie einlösen wollten, und die sozusagen Ihr Nein zu den bestehenden Verhältnissen in Europa darstellte, daß Sie Ihre Utopie da schon aufgegeben hatten?

SPERBER

Das kann ich so eindeutig mit ja oder nein nicht beantworten. Wir müssen Umwege benutzen. Als ich mit der Partei brach, schrieb ich keine Silbe gegen die Partei oder gegen die Sowjetunion, weil ich in der

Sowjetunion, wie alle meinesgleichen, den sichersten Verbündeten gegen Hitler sah. Erst nach dem Hitler-Stalin-Pakt und der Aufteilung Polens zwischen den beiden Banditen wurde ich die Hypothek los, die auf mir lastete.

LENZ
Aber eine Unterwanderung Ihres Vertrauens erfolgte doch schon in dem Augenblick, als Sie und Ihre Freunde, besonders in Spanien, verblüffte und ratlose Zeugen der Moskauer Prozesse geworden waren.

SPERBER
Es begann unerträglich zu werden, gleich nach dem ersten Prozeß. Die Partei hatte längst aufgehört, eine Gemeinschaft zu sein, außer vielleicht in den Arbeiterzellen. Das hatte aber auch gesellschaftliche Gründe: der Zusammenhalt der Klasse. Das erklärt auch, warum so viele dabeiblieben. Man muß das verstehen. Das gilt auch jetzt für die Partei in Frankreich, in Italien. Es geht weniger um Politik, es ist das menschliche Zusammengehörigkeitsgefühl. Unter Intellektuellen war es leider nicht so ausgeprägt. Ein totalitäres System gründet sich darauf, daß es zwischen allen Mißtrauen sät.

LENZ
Eine Herrschaftsmöglichkeit.

SPERBER
Ja, total sozusagen. Ich war dem Sowjet-Regime niemals unterworfen; auch Koestler nicht, den Sie er-

wähnt haben, auch nicht Malraux und viele andere meiner Freunde. Aber der Kampf um Spanien hatte eine ungeheure Bedeutung für uns alle. Bis zur Wiederherstellung der Demokratie war die Niederlage in Spanien eine ungeheilte Wunde für uns alle. Spanien, das war die einzige große Hoffnung und Chance in den dreißiger Jahren. Wenn die Republik siegt, sagten wir, dann kann man hoffen, einen neuen Ansatz für einen Sozialismus ohne Gewalt und ohne Stalinismus zu finden. Deswegen blieben so viele dabei, auch wenn sie Antistalinisten waren. Sie wissen, wie das alles zusammengebrochen ist, das gehört zur Geschichte. Ich habe Ihnen gesagt, daß wir uns alle erpreßt fühlten. Angesichts des Feindes diskutiert man nicht, hieß es. Das klingt sehr überzeugend. Im Kampf diskutiert man nicht, man erhält Befehle. Aber dann kam der Moment, wo es einfach nicht weiterging, und es war, wie Sie wissen, der Bruch.

Lenz
Koestler bezeichnete dieses Dilemma so: Wir bekämpfen die Lüge im Namen einer Halbwahrheit.

Sperber
Das bezog sich auf den Zweiten Weltkrieg, als die Westmächte Verbündete der Sowjetunion waren. Es war sehr gut und sehr zutreffend gesagt. Und Koestler hatte die Courage, es auszusprechen, während die anderen es wußten und nicht aussprachen. Es ist sehr wichtig für einen Menschen, der sich als Revolutionär ansieht, zu wissen, daß er selbst verlorengeht, wenn er immer wieder nachgibt. Ich habe zu wählen gehabt

zwischen Selbstmord oder Weitermachen; das war unerträglich und führte zur Selbstverachtung. Also Bruch und Einsamkeit. Aber dieses plötzliche Abgeschnittensein, der Austritt aus dem Ghetto sozusagen, bedeutete ein neues Exil innerhalb des Exils.

LENZ
Sie beschreiben in Ihren Büchern die Emigration als eine furchtbare Art der Ausnahmeexistenz.

SPERBER
Ich beschreibe Erlebtes. Man muß erlebt haben, wie man Vater wird, wie man Mutter wird, wie es im Gefängnis ist und in der Emigration. Das sind Dinge, über die man nicht schreiben kann, wenn man sie nicht erlebt hat. Aber weiter zu Ihrer Frage: Die Emigration als Ausnahmeexistenz bedeutet auch, daß man Zeit zum Nachdenken hat und Entscheidungen fällen muß. Ich entschied mich gegen den Revolutionär und fing an, ein Reformist zu werden. Ich sehe heute nur den Weg der kleinen Schritte, wie es auch unser Freund Günter Grass gesagt hat, und auch im Sinne des Revisionismus von Bernstein, dem sehr verkannten, bedeutenden Mann. Ich glaube absolut nicht mehr, daß schlechte Mittel zum guten Ziel führen können.

LENZ
Ihre Wandlung vom Revolutionär zum Reformisten ist eine so bemerkenswerte Station in Ihrem Leben, daß ich Sie bitten möchte, sie zu erläutern. Man gibt also die revolutionäre Haltung, die revolutionäre Überzeugung auf und bekennt sich zu einer neuen, zu

einer reformistischen, einer revisionistischen Haltung. Lösen sich hier zwei bestimmte Erkenntnisse, Selbsterkenntnisse ab, oder wie erfolgt der Prozeß?

Sperber

Meine Haltung gegenüber der Revolution folgte der Idee: Es gibt keine Wahrheit, vor der die Revolution sich zu fürchten braucht. Jede Wahrheit ist dem Revolutionär genehm. Sie verstehen also um so mehr, wie ungeheuerlich für mich der verlogene Totalitarismus Stalins war. Heute sehe ich das so: Revolution hat mit Wahrheit oder Lüge an sich nichts zu tun, das ist nicht mehr das Fundament. Der Revolutionär dient der Sache, das Mittel heiligt die Ziele. Und das Mittel verselbständigt sich und wird zum Ziel, und das Ziel krepiert. Man stampft auf ihm herum und sagt, man hat es erreicht. Es klingt vielleicht pathetisch, aber ich möchte es sagen: Wahrscheinlich bin ich heute wieder Revolutionär, denn ich habe wirklich die Leidenschaft der Vernunft und die leidenschaftliche Liebe zur Wahrheit. Diese Einstellung zur Wahrheit, die wesentlich ist, und die Solidarität mit den Verfolgten, mit denen, denen Unrecht geschieht, das bleibt. Ich glaube nicht, daß es noch möglich ist, vor allem in fortschrittlichen Ländern, schlechte Mittel zum guten Ziel zu verwenden. Ich kann mir vorstellen, daß in einem Kolonialland, das sich freimachen will, der Schrecken, der Terror vielleicht unvermeidlich werden kann. Aber ich weiß auch, Afrika und Asien lehren uns das: fast immer besteht die Gefahr, daß jene, die im Namen einer guten großen Sache den Terror gebraucht haben, dann als neue Herrscher beim Terror bleiben, womög-

lich noch mörderischer als jene, die sie mit Recht gestürzt haben.
Aber, um wieder auf unser persönliches, privates Leben zu kommen: Sie wissen, das so Verzweifelnde an Ehestreitigkeiten ist, daß jeder nur das Unrecht des anderen sieht und keiner einsehen kann, daß in einem Ehestreit beide unrecht haben können. Und mein Unrecht legitimiert nicht sein Unrecht – und vice versa. Die da gegen die Kolonialmächte kämpfen, haben durchaus recht. Aber sie haben unrecht, wenn sie zur Ausübung der eigenen Macht keine anderen Mittel einsetzen als die ihrer Vorgänger. Sie sind zu jung, lieber Siegfried Lenz, um es selbst erlebt zu haben: Was haben wir alles geträumt, was diese Länder sein würden, wenn die Kolonialzeit einmal zu Ende ist. Und schauen Sie sich an, wer in den meisten Ländern an die Macht gekommen ist. Die haben alle die Fehler, die Gemeinheiten ihrer ehemaligen Herren übernommen und zum Teil noch vervielfacht. Sie haben nicht einmal das Problem der verschiedenen Stämme gelöst. Kurz, ich bekenne mich, ohne jede Begeisterung allerdings, zum Reformismus. Ich habe Leute zum Lachen gebracht, als ich fast mit Bedauern, weil es meinem Temperament nicht entspricht, bekannt habe, daß fortab in Ländern, die es in der sozialen und ökonomischen Entwicklung so weit gebracht haben wie die Bundesrepublik oder England oder Frankreich, der weitere Weg nur noch definiert werden kann mit klaren, präzisen, scheinbar bescheidenen Zielen. Die 35-Stunden-Woche ist ein wichtiges Ziel; dann die 30-Stunden-Woche.

Lenz

Und die inzwischen von immer mehr Menschen erkannte Notwendigkeit, notfalls mit Provisorien zu leben. Wenn andere das können, warum sollen wir dazu nicht auch in der Lage sein? Ich möchte aber noch einmal zurückkommen auf das, was Sie über die revolutionären Veränderungen in den ehemaligen Kolonialländern, den Ländern der Dritten Welt, gesagt haben. Sie haben da auf einen zentralen Punkt hingewiesen, nämlich auf die Problematik der unbeschränkten Importierbarkeit von Revolutionen in irgendein Land. Ich glaube, das ist absurd und zeugt von einer geradezu mörderischen Verkennung der revolutionären Idee.

Sperber

Es ist genau so wie seinerzeit, was weiß ich, als deutsche Untertanen als Soldaten verkauft wurden. So kann man nicht Revolution machen. Es bedarf einer ideologischen Absicherung, wenn ich das so nennen darf. Die Ideologie begleitete auf dem Kontinent – nicht in England, wo die erste Arbeiterbewegung entstanden ist – die Emanzipationsbewegung der arbeitenden Menschen. Nun erleben wir den völligen Verschleiß, Verbrauch und Mißbrauch dieser Ideologie. Um nicht mißverstanden zu werden, ich spreche auch von den Verhältnissen in unserem Lebensraum. Wenn Sie zum Beispiel die politischen Kräfte in einem Land wie der Bundesrepublik Deutschland nehmen und mich fragen, was trennt die Parteien in konkreten Zielen voneinander, muß ich antworten, es ist kaum in Bruchzahlen auszudrücken. Ich habe das die Atelie genannt, den Zielmangel. Aber psychologisch gibt es Unterschiede, die bewirken, daß sich Leute *so* gruppieren und nicht *so*.

LENZ
Ja, aber bei aller geringen Unterschiedlichkeit der politischen Programme, die uns heute angeboten werden, muß man doch davon ausgehen, daß hinter diesen Programmen Persönlichkeiten stehen, die wir entweder mit unseren Hoffnungen betrauen oder denen wir sie entziehen.

SPERBER
Man sollte zum Anstand dieser Persönlichkeiten Vertrauen haben können. Ich komme auf eine alte Forderung zurück. Vom Politiker wie vom Schriftsteller, vom Journalisten wie vom Lehrer verlange ich geistigen Anstand und moralischen Anstand. Das ist, glaube ich, nicht zuviel verlangt. Ich erwarte von der Ideologie gar nichts; anders steht es mit der Utopie. Wir haben am Anfang unserer Unterhaltung vom Messianismus gesprochen. Das ist die Geburt der Utopie in der monotheistischen Welt. Nun, ich glaube, die eine Seite ist für den Psychologen eindeutig: Der Mensch kann nicht leben, ohne zu hoffen. Der Mensch ist, ich habe das psychologisch ausführlich dargelegt, ein prospektives Wesen. Wenn ich jetzt glauben müßte, daß ich in der nächsten Stunde nicht mehr sein werde oder es kein Morgen für mich gibt, dann habe ich auch keine Gegenwart mehr. Die Gegenwart stirbt ab, wenn sie nicht gleichsam als Stufe erlebt wird, die zum Morgen führt. Die Utopie ist das

größte Versprechen! Utopie heißt Ortlosigkeit, Nirgendsland, wenn man will, aber in Wirklichkeit verspricht sie Zeitlosigkeit, Unsterblichkeit. Wir finden uns sehr schwer damit ab, daß wir eines Tages nicht mehr sein werden. So bleibt die Utopie, also die letzte aller Zeiten, wie es bei Jesaja heißt.

LENZ
Bei den Propheten des Alten Testaments finden wir die ersten konkreten Formulierungen für ein Utopia: »Wo die Wölfe bei den Lämmern liegen . . .«

SPERBER
Ich glaube, daß wir den Menschen nicht abgewöhnen können, wahrscheinlich auch nicht dürfen, zu hoffen, und zwar über das Hoffensmögliche hinaus. Wenn wir sagen: später, können wir ein Später meinen, das wir gar nicht zeitlich abgrenzen müssen. Das ist Utopie.

LENZ
Bloch geht ja noch weiter und sagt, daß die Welt, so wie sie sich heute in ihrem »Prinzip Hoffnung« darstellt, wie sie sich manifestiert, daß diese Welt wirklich nur vorläufigen Charakter trägt.

SPERBER
Wir leben in einem Jahrhundert, das uns in Bezug auf die Hoffnung furchtbare Lehren erteilt hat. Die Menschen, die nach Auschwitz gebracht wurden und in Auschwitz darauf warteten, vergast zu werden, sind nicht nur Hitlers und seiner Komplizen Opfer geworden, sie wurden ebenso Opfer dieses ungeheuer süßen

Giftes Hoffnung. Denn sie sagten, gut, heute herrscht Hitler noch, aber morgen kann etwas passieren, und wir sind gerettet. In diesem Sinne gibt es also gefährlich verführerische Hoffnungen, und inzwischen ist diese utopische Hoffnung als Legitimation zahlloser Verbrechen eine ebenso gefährliche Hoffnung geworden. Vor vielen Jahren habe ich in einem Roman geschrieben: Wir sind verdammt zu hoffen, der Mensch ist verdammt zu hoffen, er kann gar nicht leben, ohne zu hoffen. Aber ich weiß jetzt, daß man auch lernen muß, vernünftig zu hoffen.

Lenz
Aber unter bestimmten Umständen bleibt einem Menschen gar nichts anderes übrig, als zur Hoffnung verdammt zu sein, wenn man Utopie auffaßt als Sofortprogramm, aktuelles Sofortprogramm in visionärer Umschreibung, in visionärer Ort- oder Zeitlosigkeit. Dann ist doch dieses Zur-Hoffnung-verdammt-sein eine ganz konkrete Angabe über die Befindlichkeit des Menschen in einer unerträglichen Situation, der er einfach durch diesen Gegenentwurf beikommen möchte, um überleben, überdauern zu können.

Sperber
Ja, das ist eben die fundamentale Frage: das Überdauern. Wenn wir Bücher schreiben, denken wir, wir werden morgen gelesen werden. Es wäre vielleicht zu schwer, soviel Zeit und Kraft und Besessenheit an das Schreiben zu wenden, wenn wir nicht insgeheim hoffen, daß unsere Bücher auch noch da sein werden, wenn wir nicht mehr sind.

Lenz
Ich glaube das nicht. Diese Bekümmerung habe ich nicht.

Sperber
Warten Sie ab. Auch ich habe sie jetzt nicht. Aber ich habe sie gehabt. Insgeheim ist es doch immer der Gedanke dieser Brücke, die zu einem Ufer führt, das wir noch nicht sehen, das aber eines Tages erscheint.

Lenz
Vielleicht in dem Sinne, daß man einen Leser findet, der in freier Abstimmung das Problem der Schriftsteller zu seinem Problem macht oder die eigene Hoffnung aufnimmt und sie weiterträgt.
Und in diesem Sinne, glaube ich, erwartet man als Schriftsteller einen Gleichgesinnten zu finden, dem man sich anvertraut, in mehr oder weniger großer Schutzlosigkeit.

Sperber
Das Buch ist wie ein Brief an einen anonymen Empfänger, an keinen und jedermann. Was ich gesagt habe, das mit der heimlichen Hoffnung, bedeutet: wenn wir uns sagen müßten, daß unser Werk, nicht nur unser schriftstellerisches Werk, sondern auch unser Wirken, mit dem Augenblick vergeht, wo wir nicht mehr sind, das wäre doch eine ziemlich hoffnungslose Situation. Die Utopie war das Versprechen: zuerst die Unsterblichkeit, das Jenseits, dann die sozialistische Utopie, die aber als Projekt niemals wirklich dargestellt worden ist.

Lenz
Es sei denn in solchen Entwürfen wie bei Plato, bei William Morris.

Sperber
Wenn man näher hinschaut, ist sowohl Platos Staat wie der von Morris überhaupt nicht empfehlenswert. Das Hier und Heute ist der sozialistischen Utopie näher als der Staat von Plato oder Morris. Aber Tatsache ist, daß diese Gedanken der sozialistischen Utopie ja niemals auch nur literarisch formuliert worden sind. Marx hat darüber nichts zu sagen gewußt als: Es wird eine klassenlose Gesellschaft sein.

Lenz
Aber das empfinde ich doch als einen utopischen Entwurf sondergleichen. Eine klassenlose Gesellschaft!

Sperber
Wir haben erlebt, daß man den Kapitalismus abschaffen kann. Leider ist keine bessere Gesellschaft entstanden, wo der Kapitalismus abgeschafft wurde. Das ist kein Argument für den Kapitalismus, ich weiß . . .

Lenz
Wir sprechen aber über die Utopie. Es ist doch eine ungewöhnliche Herausforderung, nach zweitausend Jahren überschaubarer Geschichte, die sich eben durch Klassen – oder sagen wir: auch durch Klassen – kennzeichnen läßt, eine klassenlose Gesellschaft zu verheißen. Wenn man dagegen, sagen wir, die rechte

Utopie stellt und sieht, wie hier durch ganz bestimmte Eliten und hierarchische Systeme Macht ausgeübt und ausgerufen wird, dann muß man sagen, daß diese Marxsche Entgegnung auf den ersten Blick doch etwas ungewöhnlich Bestechendes hat.

SPERBER
Ja, aber sie ist kurzatmig. Es kommt nur zur Negation der Negation. Die Propagandisten dieser Idee haben gedacht, es genügt. Ich habe selbst immer wieder diese Formel benutzt, aber es genügt nicht. Aber ich sage deswegen nicht, daß wir nicht hoffen sollen.

LENZ
Jetzt stellen Sie die Realitätsfrage.

SPERBER
Wenn ich sage, das Ende des Kapitalismus bedeutet nichts für die Gesellschaft, so heißt das nicht, daß ich ein kapitalistisches Manifest erlassen will, das heißt nur: das allein genügt nicht! Folglich müssen wir fragen: Ja, was wollen wir denn eigentlich? Wir wollen ein Höchstmaß an persönlicher Freiheit in sozialem Sinne und natürlich auch im individuellen. Wir wollen, daß sich kein Mensch fürchten muß vor materieller Not, vor der Not durch Bedrängung, durch Rassenverfolgung und dergleichen mehr. Das Wirtschaftliche, von dem so viele, unter anderem die französischen Sozialisten, und dann auch Marx, ausgegangen sind, ist, glaube ich, absehbar. Ich bin also viel optimistischer, als es bisher geklungen haben mag. Ich bin überzeugt davon, daß die menschliche Gesellschaft

völlig anders werden kann, wenn sie endlich in die paradiesische Wirklichkeit des materiellen Überflusses hineingerät. Ich bin überzeugt davon, das kann sie dank der Atomenergie. Das wird in zwanzig oder dreißig oder vierzig Jahren geschehen.
Die Intellektuellen, deren Seele unendlich leidet bei dem Gedanken, daß Atomenergie verwendet wird, stören mich dabei überhaupt nicht. Wenn ich zur Zeit der ersten Eisenbahnen gelebt hätte, und Spezialisten hätten mir erklärt, daß, wenn die Eisenbahn mit der Schnelligkeit von dreißig Kilometern in der Stunde fahren wird, die Kühe auf den Weiden und die Bauern auf ihren Feldern verrückt werden, dann hätte ich das auch nicht geglaubt. Ich glaube, wir müssen da hindurch, es ist ein enger Weg, aber wir müssen hindurch. Die Welt muß materiell zum Überfluß kommen, sie muß technisch so weit entwickelt werden, daß die Not der manuellen Arbeit aufhört. Die proletarische Klasse wird zusammen mit allen anderen Klassen in dem Augenblick abgeschafft werden, wo das aufhört, was da in der Bibel beschrieben ist mit: »Im Schweiße deines Angesichts sollst du dein Brot essen.«
Ich spreche nicht von Idealen, sondern von Dingen, die kommen werden. Während der Not im Krieg gab es in der Tat das Stückchen Brot, die paar Gramm Zucker und was weiß ich, was man sich möglicherweise illegal besorgen mußte. Kein Mensch in Deutschland denkt jetzt daran, Brot zu stehlen.

LENZ
Lieber Herr Sperber, die Zeit der Hoffnung, die Zeit der Enttäuschung . . .

Sperber

Das eine geht mit dem anderen zusammen.

Lenz

Sicher, aber zurück zu Ihnen. Was Sie betrifft, Sie haben angesichts der Erfahrungen, die Sie machen mußten, die Partei verlassen. Sie haben, wie Sie vorhin erklärten, den Weg vom Revolutionär zum Reformisten gefunden. Mit anderen Worten: Sie haben, nachdem Sie verurteilt waren zu diesen Erfahrungen, etwas wiederholt, was sich schon in Ihrer Jugend gezeigt hat. Ein neuer Sturz aus der Glaubenssicherheit, ein neuer Sturz aus der Solidarität, die Sie, wenn auch mit eingeschränkten oder eingegrenzten Zielen, bestätigt und geleitet hat, und die Ihnen Sicherheit für Ihr Handeln und Denken gab. Auf einmal wieder allein, den eigenen Entscheidungen konfrontiert, ausgesetzt der Selbstbehauptung, vielleicht hier und da dem Widerspruch ausgesetzt – vielleicht mehr als dem Widerspruch, der Verdächtigung, wie Sie es auch in Ihrem Werk mehrmals erwähnen. Gibt es so etwas wie ein Niemandsland, in das man schließlich gerät, wenn man diese Erfahrungen hinter sich gebracht hat? Und ist das Niemandsland für einen Schriftsteller zumindest ein bewohnbarer Ort?

Sperber

Ich werde ganz blöd antworten. Ich werde ja und nein sagen. Das kennzeichnet mich nicht. Ich glaube erstens, daß der Schriftsteller sowieso in seinem Wirken, seinem Schaffen, immer im Niemandsland ist. Es gibt keine Möglichkeit, dem zu entrinnen. Die Einsamkeit des geistig schaffenden Menschen, auch wenn er getragen ist von der Aufmerksamkeit, die ihm zugewandt ist, von Lesern, Hörern, bedeutet für die Zeit des Schaffensprozesses nichts. Es ist eine Einsamkeit, die an einen unendlich langen Tunnel erinnert. Sie erspähen einen winzigen Punkt, einen hellen Punkt. Sie wissen, es gibt einen Ausgang, es gibt ein Licht, aber Sie sind noch weit davon entfernt. Andererseits aber sind wir gar nicht einsam. Sie kommen aus dem verlorenen Masuren, ich komme aus einem kleinen jüdischen *Shtetl*, das als Ort existiert, aber kein Mensch, der dort einmal gelebt hat, oder irgendeiner seiner Nachkommen ist dort noch präsent. Wir beide trafen uns vor Jahren in Hamburg, wir sind immer wieder zusammengekommen. Ich habe Sie sehr gerne, wie Sie wissen, und ich lese Ihre Bücher mit großer Freude. Sie haben mich gern, aber wir sind sehr verschieden. Es genügt, daß man uns ansieht. Aber wir sprechen miteinander, ob wir nun übereinstimmen oder nicht, in einem tiefen Gefühl der gleichen Sprache, nicht nur im philologischen Sinn, sondern wie Baumwurzeln, die tief gehen und in der Tiefe den ernährenden Fluß erreichen. Deshalb blüht der Baum früher als andere Bäume in derselben Gegend. Diese Gemeinschaft gibt es. Ich habe das genannt: die Freundschaft, die Gemeinschaft jener, welche beschlossen haben, ohne Illusionen zu leben. Ich weiß nicht, inwieweit das auf Sie zutrifft, Sie haben noch mehr Recht auf Illusionen als ich, was aus kalendarischen Gründen naheliegt. Aber ich denke, daß wir sehr zahlreich sind in vielen Ländern. Es ist kein Überanspruch, davon überzeugt zu sein, daß der Mensch seine Existenz auf Erden zu legitimieren, zu verdienen hat. Dazu gehört, daß das, was er tut, was er bietet, nicht nur für ihn und seine Existenz ausreicht, sondern daß es über ihn hinausgeht. Daß immer wieder so etwas wie eine Strömung von ihm ausgeht.

Was immer wir tun, im Guten wie im Schlechten, tun wir auf ein Ziel hin, also auf eine Begrenzung. Aber keine Tat bleibt beschränkt durch ein Ziel. Jede Tat geht weiter. Ein reifer Mensch wäre einer, der recht weit die überschreitende Wirkung seiner Taten einsieht und dementsprechend seine Taten auch begrenzen oder erweitern würde. Leider ist es so, die Psychologen behaupten es jedenfalls, daß nur etwa drei Prozent der Menschen zur Reife gelangen; das ist nicht genau nachgewiesen, sondern nur vermutet. Die meisten Menschen bleiben in einer Viertel- oder Halbreife stecken. Sie werden stereotyp von einem bestimmten Alter ab, wiederholen sich immer wieder. Das ist keine Verurteilung des Einzelnen. Was die Menschen aus sich machen, ist schon sehr viel. Aber worauf ich hinauswill: Reife würde ein Zustand sein, in dem der Mensch sich tatsächlich fortsetzt, sowohl als das einzigartige Ich, das jeder ist, und gleichzeitig als ein Teil eines milliardenfachen Ganzen. Daß er also in seinem Tun auch die Perspektive finden würde, in der der andere ihn sieht. Wenn ich imstande wäre, mich durch die Tür eintreten zu sehen, wie ein anderer mich sieht, durch die Augen des anderen, das wäre die volle Reife des Menschen. Denn wenn Sie bedenken, ich bin einmal *ich* und ich bin milliardenmal *er. Ich* und einer wie auf den Massenbildern dort, einer der roten Punkte, einer dieser Menschenköpfe.

Lenz
Sartre geht ja so weit, zu erklären, daß wir uns selbst gar nicht bestimmen können ohne die anderen, beziehungsweise daß das Urteil, das wir über uns selbst haben, bereits getränkt ist von den Urteilen, die andere über uns irgendwann äußerten, und die wir hineingenommen haben in unser Selbsturteil.

Sperber
Sie sehen, es gibt Gemeinschaften.

Lenz
Lieber Herr Sperber, zum Schluß eine Frage an Sie als Schriftsteller. Ich habe nach der Lektüre Ihres Werkes festgestellt, daß Schreiben für Sie zweierlei bedeutet: Zuflucht nehmen und Erinnern. Sie haben ausdrücklich gesagt, an einer sehr bekenntnishaften Stelle, es kommt Ihnen nicht darauf an, zu mahnen, sondern Erinnerer zu sein. Was das bedeutet angesichts der Erfahrungen, zu denen Sie in diesem Jahrhundert verurteilt waren, kann man sich vorstellen. Es kommt darauf an, nichts zu vergessen. Vergessen hieße, die toten Familienmitglieder, die toten Freunde, überhaupt die Opfer, ein zweites Mal sterben zu lassen. Aber Zuflucht nehmen: was bedeutet es für Sie, im Prozeß des Schreibens Zuflucht zu nehmen?

Sperber
Es gibt erstens tatsächlich das Bedürfnis, dazu beizutragen, daß Bedenkens- und Erinnerungswertes nicht verloren gehe. Bedenken Sie, wenn Hitler oder Stalin vollkommen gesiegt hätten, dann würden die Men-

schen eine Geschichte überliefert bekommen, die völlig verkehrt, ja ein immenses, ein permanentes Verzerren und Killen der Wahrheit gewesen wäre. Man kann sagen, was macht's mir aus? Nun, mir macht es was aus, ich weiß nicht, warum, oder nicht ganz genau, warum. Jedenfalls ist der Gedanke unerträglich, quälend. Gottseidank ist das verhindert. Ich bin der Sohn eines Volkes des »Aufbewahrens«. Die Bibel ist noch immer da, sie gibt dem Menschen eine Ahnung vom Beginn einer Kultur, der Entdeckung eines Gottes, des Schaffens eines Gottes und so weiter. Das zweite aber ist die Frage der Treue zu sich selbst. Ich möchte sicher sein, daß ich diese Zeit, dieses Leben, die mir sehr nahen Menschen und die anderen nicht mißverstanden habe. Und deshalb bin ich ununterbrochen im Begriff, zu vergleichen; es ist eine ununterbrochene Bewegung. Und in dieser Bewegung gilt es, immer wieder die richtigen Situationen, das Zueinanderstehen, das Bezogensein zu erkennen.

Lenz
Sie warnen also ausdrücklich vor den falschen Situationen.

Sperber
Das ist der Ausgangspunkt, diese Bezogenheit und Zuflucht. Ja, ich gebe zu, ich lebe seit Jahrzehnten immer wieder in großer Verzweiflung. Da ich ein lebensfreudiger Mensch bin, klingt das recht merkwürdig. Wenn ich als Zeuge, als ein sehr aufmerksamer Zeuge sehe, welche vermeidbaren mörderischen Irrtümer nicht nur begangen worden sind, sondern im-

mer noch begangen werden, und den Beifall, den Jubel der Menschen höre, die so zu Komplizen der Verbrechen werden – das ist der Grund für meine Verzweiflung.
Noch eine letzte Anmerkung des Schriftstellers Manès Sperber. Wenn ein Mann wie Sartre, der ja eine Zeitlang unglaublichen Einfluß auf sehr viele Intellektuelle ausgeübt hat, auf die Frage, was denn sein Erfolg sei, sagt: Ich habe nichts erreicht von dem, was ich erreichen wollte –, wenn ein Sartre das sagt, was soll ich dann sagen? Dies: ich habe mich wirklich bemüht, und ich bin nicht allein. Es sind Hunderte, Tausende, die das versucht haben. Und das Wort wird gehört. Ich komme zum Anfang zurück: Koestlers Erfahrung mit den Soldaten. Jetzt werden manche meiner Worte gehört. Meine Bücher werden jetzt mehr gelesen als vor dreißig Jahren, als sie zuerst erschienen sind.
Es ist zum Teil eine neue Generation, die die Bücher liest – und es ist heute gefahrloser zu verstehen. Vielleicht mußte ich auch durch viele Irrtümer gehen. Aber Tatsache ist leider, daß dann, wenn die Wahrheiten, die man sagt, am notwendigsten sind, diese Wahrheiten selten die Ohren finden, an die sie gerichtet sind. Sie werden gehört, wenn die Irrtümer inzwischen zu zerbröckeln begonnen haben. Das aber, Sie werden es zugeben, ist eine Situation für eine Farce, für die Komödie unseres Lebens, die nicht immer erheiternd ist.

Dieses Gespräch wurde am 7. März 1979 im Fernsehstudio von Radio Bremen aufgezeichnet.

Denken –
oder
die Nötigung zur Selbstbestimmung

Siegfried Lenz
im Gespräch mit
Leszek Kolakowski

Lenz

Herr Kolakowski, als ich zum ersten Mal von Ihnen hörte, Mitte der fünfziger Jahre, nach dem »polnischen Oktober«, da waren Sie eine Legende, eine Legende für mich und viele hierzulande. Da gab es einen Professor, einen jungen Philosophieprofessor an der Warschauer Universität, zu dessen Füßen viele Studenten saßen, junge Menschen, die in einer bestimmten Krise waren, in einer politischen Glaubenskrise. Bei Ihnen, dem jungen Philosophieprofessor, hofften sie auf Gründe für ihren Zweifel – oder aber: sie wollten zum Zweifel angestiftet werden. Ich kann mir das Bild der Situation sehr gut vorstellen. Fühlten Sie sich damals oder fühlen Sie sich heute – rückblickend – ein bißchen in der sokratischen Rolle eines Verderbers der Jugend zur Wahrheit hin?

Kolakowski

Ein sehr schmeichelhafter Vergleich. Aber Verderber? – Nun ja . . .

Lenz

Zur Wahrheit hin.

Kolakowski

Nicht zur Falschheit. Aber die Rolle eines Verderbers der Jugend in einem Staat, in dem es eine bindende Staatsideologie gibt, besteht hauptsächlich in der Entlarvung der Sprache; der Sprache, die als eine Störung immer wieder von innen nach außen kommt, um die andere Sprache, die Sprache der Mächtigen, zu verhindern. Die Mächtigen fürchten die Analyse der Sprache, die Entlarvung der sprachlichen Mittel, mit denen sie wirken wollen. Es ist ein Versuch, sehr einfache, fast primitive Sachen zu sagen, die aber in einer gewissen ideologischen Situation als Offenbarung gelten.

Lenz
Aber bevor es zu dieser Entlarvung kam, mußten Sie doch in den Besitz ganz bestimmter Erkenntnisse geraten. Ich denke dabei an die Tatsache, daß Sie ursprünglich, nach Ihren Erfahrungen mit dem Nationalsozialismus, nach den Erfahrungen mit der deutschen Besatzungsmacht in Polen, Ihre politische Richtung gewählt hatten. Sie waren Kommunist, Marxist, und von dieser Position her haben Sie zum Beispiel den Katholizismus hart attackiert. Und dann, eines Tages, haben Sie den Marxismus dem gleichen Zweifel ausgesetzt. Wann begann bei Ihnen – und wodurch – diese Erkenntnis?

Kolakowski
Wodurch?

Lenz
Ich denke, wenn ich das sagen darf, an ein Bild, an eine Geschichte Ihres Landsmannes Czeslaw Milosz in seinem Buch *Verführtes Denken*. Er erzählt da die Geschichte von Murti-Bing, einem angenommenen ostasiatischen Staat, in dem alle Menschen Glückseligkeitspillen bekommen und dadurch immer glücklich

sind. Jeden Tag verabreichen die Ingenieure des Staates jedermann das, was er nötig hat, damit die Welt ihm schön erscheint, rosig, problemlos, ohne Komplikationen. Eines Tages aber hat ein Einwohner Magenbeschwerden. Er erbricht die Pille und sieht plötzlich die Welt so, wie sie wirklich ist. Der Zweifel hat ihn ereilt, die Erkenntnis ist durch ein Magendrücken erfolgt. Natürlich hat die Erkenntnis viele Möglichkeiten, um zu sich selbst zu kommen. Sie kann uns überwältigen, sie kann uns unterwandern, sie kann durch den Druck der Realität entstehen, abgehoben von der Erfahrung. Wie war es damals bei Ihnen?

KOLAKOWSKI
Ich bin nie ganz orthodox gewesen, auch wenn ich ein relativ gutes Parteimitglied war. Dennoch bin ich wiederholt – nicht von der Presse, sondern von der Partei – wegen meiner verschiedenen häretischen Meinungen, besonders auf philosophischem, weniger auf politischem Gebiet, angegriffen worden. Man hat mir immer vorgeworfen, daß ich kein Leninist war. Ich erinnere mich an Versammlungen, in denen es vor allem um meine »Irrtümer« ging. Man griff mich an, weil ich Shdanow auslachte, und so weiter. Aber sonst – ich war Parteimitglied und politisch doch mehr oder weniger zuverlässig. Sie fragen nach der Erkenntnis, die durch den Druck der Wirklichkeit entsteht. Ich muß sagen, die Wirklichkeit ist immer schwach gegenüber einer Ideologie, das heißt einer Ideologie mit allumfassenden Ansprüchen.

Lenz
Aber korrigierten Sie nicht die Ideologie?

Kolakowski
Nein. Eine Ideologie mit allumfassenden Ansprüchen kann sich so gut wie immer gegen die Realität abschirmen. Und das aus zwei Gründen. Erstens: sie macht uns fähig, die Tatsachen überhaupt nicht zu sehen. Ich erinnere mich an eine Geschichte, die mir ein Freund erzählte. Seine kleine Tochter, etwa vier Jahre alt, lief mit einem anderen Mädchen im Park um die Wette. Die eine rief immer: Ich bin schneller. Die andere wurde aber erste. Trotzdem rief die eine immer wieder: Ich bin schneller, bis die andere weinend zur Mutter lief und sagte: Ich will nicht, daß sie schneller läuft! Sie sehen, daß eine gut angewandte Ideologie uns für Tatsachen blind macht . . .

Lenz
. . . aber doch nur bis zu einem gewissen Augenblick . . .

Kolakowski
. . . und dazu gegen unser Interesse. Die Blindheit ist die erste Sache. Die zweite ist, daß die Ideologien mit allumfassenden Ansprüchen die Fähigkeit entwickeln, Tatsachen zu absorbieren, ohne sie zu verneinen, und zwar auf eine Weise, daß Tatsachen eine Deutung bekommen, die der augenscheinlichen Wirklichkeit diametral entgegengesetzt ist. Die Dialektik kommt ins Spiel. Empirisch: Die Leute leiden am Hunger. Aber dialektisch ist es umgekehrt: Sie leben großartig,

haben einen hohen Lebensstandard. Empirisch sind wir in der Minderheit, aber dialektisch sind wir in der Mehrheit und so weiter. Man kann alles mit einigen Worten verdrehen, wenn man sie entsprechend benutzt. Man kann alle Tatsachen in das Gegenteil verwandeln. Die Rolle der Ideologie besteht eigentlich darin, daß sie die Menschen befähigt, gegen Tatsachen entweder blind oder unempfindlich zu sein.

LENZ
Aber wie war es damals bei Ihnen? Gab es konkrete Wahrnehmungen, daß die Realität anders war, als die Ideologie sie predigte?

KOLAKOWSKI
Aber natürlich, natürlich! Ich wollte nur grundsätzlich erklären, daß die Wirklichkeit schwach ist gegenüber der Ideologie.

LENZ
Aber doch nur eine gewisse Zeitlang. Wir alle sind doch mit den Beinen auf der Erde, ganz bestimmten Zwängen der Wirklichkeit unterworfen, und müssen schließlich, wenn Sie so wollen, auch den Terror der Realität anerkennen.

KOLAKOWSKI
Ja, natürlich. Aber ich war ja philosophisch und nicht marxistisch erzogen.

LENZ
Sie haben auch Theologie studiert.

Kolakowski
Nein Theologie habe ich nur, wenn Sie so wollen, als Amateur studiert. Aber an der Universität wurde ich in der sogenannten Warschauer Schule erzogen, und das in einer streng rationalistischen Strömung, nominalistisch und sprachanalytisch orientiert.

Lenz
In Verbindung mit der Wiener Schule.

Kolakowski
Ja, im Zusammenhang damit. Eine ziemlich ähnliche Tendenz. Wenn ich auch nicht sagen kann, daß ich heute diese Strömung, diese Tendenz noch teile, so war sie damals von Wichtigkeit, um auf die Absurditäten und Monstrositäten des Marxismus – oder dieses Staatsmarxismus, der Staatsideologie – zu reagieren. Natürlich kamen dann auch moralische Diskussionen, als nach Stalins Tod die Ruine des Kommunismus vor uns lag. Wir waren übrigens keine Ausnahme, es war ein gesellschaftlicher Prozeß, der dann 1963 begann.

Lenz
Sie sind ein Philosoph, der nicht sehr viel auf Sicherheit gibt, und auch wenig auf Glaubenssicherheit. Damals, als Sie die Studenten um sich versammelten und sie etwas lehrten, das zumindest im Widerspruch zu den orthodoxen Ansichten stand – hatten Sie da das Gefühl, aus einer gewissen Sicherheit des Glaubens gefallen und so, sagen wir, in ein Niemandsland gekommen zu sein? Haben Sie sich plötzlich allein gefühlt?

KOLAKOWSKI
Nein, politisch nie, politisch nie! Es gab immer gute, zuverlässige Freunde. Die sind immer da.

LENZ
Und im Denken? In Ihrem Denken?

KOLAKOWSKI
Politisch?

LENZ
Nein, in Ihrem philosophischen Denken.

KOLAKOWSKI
Das ist eine andere Sache. Übrigens: ich liebe das Wort Philosophie oder philosophisch nicht, denn ich fürchte, daß jemand mich fragen könnte, was das ist, und ich könnte es nicht beantworten. Aber ich benutze es natürlich gelegentlich.

LENZ
Aber es gibt bei Ihnen verschiedene Antworten darauf.

KOLAKOWSKI
Ja, das ist richtig. Aber zu Ihrer Frage: ich versuchte, mich mit diesen Problemen mehr oder weniger allein auseinanderzusetzen, das ist wohl normal. An der Universität war es anders: wir diskutierten natürlich. Es waren lange Diskussionen über philosophische Fragen. Es war so etwas wie eine Gemeinschaft der Philosophiehistoriker in Warschau. Wir hatten in ver-

schiedenen Problemkreisen mehr oder weniger gemeinsame Tendenzen – jedenfalls, was die geschichtlichen Studien betraf, nicht die Philosophie im Sinne der Versuche, sich mit metaphysischen Fragen zu beschäftigen und auseinanderzusetzen.

LENZ
Sie haben den Katholizismus in gleicher Weise dem Zweifel unterworfen – das heißt in ähnlich radikaler Form – wie den Marxismus. Haben Sie es auch mit der Philosophie getan? Mit Ihrer eigenen Philosophie? Liegt in diesem radikalen Zweifel der Ansatz Ihres eigenen Philosophierens?

KOLAKOWSKI
Ja, ja, das kann sein. Auf Ihre erste Frage möchte ich folgendes antworten: Was ich in den Jahren 1950 oder 1952 gegen den Katholizismus geschrieben habe, finde ich heute ganz, ganz dumm. Das muß ich offen gestehen. Es war eine Kritik vom rationalistischen Standpunkt aus, wie es viele Leute vorher getan haben oder immer noch tun, und natürlich auch politisch gefärbt. Philosophisch war die Kritik sehr aggressiv, aber im Grunde rationalistisch – so, wie ich am Anfang den Marxismus von einem ähnlichen Standpunkt aus angegriffen habe.
Diese Angriffe gegen den Katholizismus waren am Ende nicht völlig nutzlos, weil ich gezwungen war, eine Menge zu lesen, eine Menge der katholisch-theologischen und philosophischen Literatur. In dieser Hinsicht war es nicht ganz verloren, wenn ich auch eindeutig sagen muß, es war schädlich, nicht nur phi-

losophisch schlecht oder unwahr. Und zwar aus sozialen Gründen. Man sieht heute klar, daß der Katholizismus in Polen durch die ganze Nachkriegsgeschichte der Hauptfaktor war, dem zu verdanken ist, daß die Gesellschaft, das Land, nicht einfach sowjetisiert werden konnte. Wenn der Katholizismus auch philosophisch oder intellektuell kritisierbar ist, so war er doch das wichtigste Element des Widerstandes gegen die Sowjetisierung Polens. Und das ist entscheidend.

LENZ
Wir kommen noch einmal zum Anfang zurück, Herr Kolakowski. Von Galileo Galilei wird erzählt, daß er, als er sich sein berühmtes Fernrohr baute und einige Leute einlud, durch dieses Fernrohr zu blicken, immer wieder zu hören bekam: Nein, danke, wir möchten es nicht. Wir möchten da nicht durchschauen . . .

KOLAKOWSKI
. . . wir wissen es besser . . .

LENZ
Nicht allein. Ein Grund war: sie fürchteten, daß es ihnen eisige Himmelskälten zeigen könnte, das blanke Nichts womöglich. Sie fürchteten, aus der Wärme zu stürzen, aus der Gewohnheit eines Weltbildes.

KOLAKOWSKI
Was diese Menschen betrifft, die – wie man erzählt – nicht durch das Fernrohr schauen wollten, das waren noch redliche, anständige Menschen – wenn es wirklich so war, daß sie sich fürchteten! Wären sie ideolo-

gisch geschult gewesen, so hätten sie gesagt: ich kann das sehen, aber was ich sehe, existiert nicht . . .

LENZ
. . . ist eine Fiktion . . .

KOLAKOWSKI
. . . oder kann auf »richtige« Weise »wegerklärt« werden, wenn nur die Ideologie unbeschädigt bleibt.

LENZ
Herr Kolakowski, als damals in Warschau die vielen Studenten um Sie herumsaßen und Ihnen zuhörten, dem »Verderber zur Wahrheit« – wie reagierten diese Studenten damals, in einem ganz bestimmten politischen Augenblick, auf die Angebote des Zweifels und im weiteren Sinne auf die Angebote Ihres Denkens?

KOLAKOWSKI
Die ganze Zeit, die ich in Warschau war, hatte ich sehr gute Beziehungen zu den Studenten und keine besonderen Schwierigkeiten. Ich unterrichtete nicht politische Wissenschaft, ich unterrichtete Geschichte und Philosophie. Ich hielt Vorlesungen und Seminare über Dinge, die ganz abstrakt und von der Politik weit entfernt waren. Aber in einer Gesellschaft, in der der Anspruch erhoben wird, eine allumfassende Staatsideologie zu haben, die der ganzen Gesellschaft mit Gewalt *aufgedrängt* werden müsse, gilt auch jede Form der nicht ideologisch bestimmten Analyse oder Diskussion als politisch relevant.

Lenz

Darauf wollte ich hinaus. Ist es nicht so, daß man von der Gegenwart auch über den Umweg der Geschichte sprechen kann, auch über den Umweg der Ideengeschichte, über den Umweg der Philosophie? Im weitesten Sinne ist ja alles Politik, jede Idee, jede Manifestation des Menschen. Und kann man nicht annehmen, daß die Studenten, die zu Ihnen kamen, eben darauf warteten, über den Umweg der Philosophiegeschichte Kommentare zum Tag zu bekommen?

Kolakowski

Nicht notwendigerweise. Es war ja auch keineswegs meine Absicht, immer an politische Sachen zu denken, wenn ich zum Beispiel über religiöse oder philosophische Geschichte des sechzehnten oder siebzehnten Jahrhunderts sprach. Das war kein Vorwand, mich zu politischen Tagesthemen zu äußern. Nein, das war nicht der Fall.

Lenz

Aber geschieht so etwas nicht auf unwillkürliche Weise? Ich meine, daß die Konstellation, die politische Konstellation, alles, was gesagt wird, sofort auf einen bestimmten Wert bringt? Und daß, wenn Sie beispielsweise in einem despotischen Staat den Großinquisitor Torquemada beschwören, dieses sofort einen unwillkürlichen politischen Kommentar zur Gegenwart enthält?

Kolakowski
In einem totalitären Staat wird natürlich alles so gut wie von selbst politisch. Wenn die Partei, wie es einmal in Polen der Fall war und heute immer noch in Sowjetrußland, wenn die Partei die einzig gültigen Vorschriften für die Malerei hat, dann wird zum Beispiel abstrakte Malerei natürlich zu einem politischen Akt. Die Maler machen sich bei einem solchen Bild keine politischen Gedanken, und doch wird ihr Bild als politisch relevant beurteilt und entsprechend verurteilt: sie werden verfolgt. Ich will ein Beispiel nennen. Ich kenne einen armenischen Maler, der aus Sowjetrußland emigriert ist. Er hat mir seine Leidensgeschichte erzählt. Obwohl er nie mit einer sogenannten Dissidentenbewegung verbunden war oder irgendeine politische Tätigkeit ausübte, sondern nur auf seine nicht konforme Weise malte, wollte man ihn einfach töten. Obwohl er schon ziemlich alt und krank war, hat man ihn gewaltsam in ein Fallschirmjäger-Regiment eingezogen. Man sagte ihm, daß sein Fallschirm sich gleich beim ersten Sprung nicht öffnen wird. Er verhinderte dieses Attentat dadurch, daß er sich für geisteskrank erklärte und in eine Klinik für Geisteskranke eingewiesen wurde. Danach hat man ihn wissen lassen, daß er emigrieren soll, sonst würde er – rein zufällig – durch einen Unfall umkommen. Er emigrierte, als Jude natürlich, obwohl er kein Jude ist. Aber man kann aus der Sowjetunion nur als Jude emigrieren, wie Sie wissen. Ich möchte aber betonen, daß dies nicht für Polen gilt; derartige Zustände herrschen dort nicht, soweit es mir bekannt ist.

LENZ
Wenn Sie sich als Philosoph verlegen zeigen, sobald man nach der Philosophie fragt, nach einem bestimmten Philosophieren, so hat das selbstverständlich einen Grund. Aber da wir einen Philosophen bei uns haben, müssen wir die Frage nach dem Sinn der Philosophie an ihn richten. Sie haben sich einmal darüber amüsiert, daß viele Philosophen sich unter einer Art Zwang zur Rechtfertigung befinden und offenbar glauben, das, was sie tun, legitimieren zu müssen. Woran liegt das? Von den exakten Wissenschaften, von der Kybernetik, der Physik, von der Mikrobiologie erfahren wir zum Beispiel, daß sich das gesicherte, das mehr oder weniger gesicherte Wissen etwa alle sieben Jahre verdoppelt. Die Philosophie kennt einen solchen Vermehrungsrhythmus nicht. Liegt es möglicherweise daran, daß manche Philosophen glauben, das Philosophieren rechtfertigen zu müssen?

KOLAKOWSKI
Ja. Ja, das ist ein ganz krasser Unterschied zwischen den exakten Wissenschaften und der Philosophie. Ich glaube, daß es so etwas wie Kumulation, Kapitalisierung sozusagen, des Wissensgebietes der Philosophie überhaupt nicht gibt. Ebensowenig wie auf dem Gebiet der Malerei, der Literatur. Da ist nämlich kein Fortschritt möglich, das gäbe keinen Sinn.

LENZ
Dante ist ein Wert für sich in der Literatur.

Kolakowski
Ja, wohingegen in der Wissenschaft die besseren oder umfassenderen Theorien die früheren ersetzen. Also für rein wissenschaftliche Zwecke braucht man diese früheren Theorien nicht zu kennen. Mit den historischen Entwicklungen dagegen muß man sich natürlich vertraut machen.

Lenz
Muß man Aristoteles, muß man Konfuzius kennen – als heutiger Philosoph?

Kolakowski
Ich glaube schon. In dem Sinne, daß man die historischen Entwicklungen kennen muß, wie in der Wissenschaft. Nur haben Werke der Philosophie, der Kunst und Literatur einen anderen Stellenwert. Dante wurde nicht durch Goethe ersetzt. Jeder große Dichter ist ein Werk für sich. Man darf natürlich von der Kumulation im Sinne eines sich vermehrenden Reichtums der Kultur sprechen, aber nicht im Sinne eines Fortschritts. Und die großen Philosophen, von denen wir heute sozusagen leben – jeder ist ein Kunstwerk, etwas für sich Wertvolles und nicht zu ersetzen. Aber im Sinne von Fortschritt gibt es keine Kapitalisierung.

Lenz
Mit welchem Ziel philosophiert man dann? Ihr Lehrer oder Ihr Vorbild ist Spinoza. Er ist ein Vorbild für Sie in mancher Hinsicht.

Kolakowski
Ja, aber nicht darin, daß ich seine Philosophie teile, sachlich teile, sondern im Sinne eines mächtigen Geistes, der bis zum Ende seinem philosophischen Bedürfnis treu zu bleiben versuchte.

Lenz
Spinoza glaubte, daß die Natur kein Ziel hat. Hat aber die Philosophie ein Ziel?

Kolakowski
Ja.

Lenz
Und welches? Läßt es sich absehen?

Kolakowski
Nach Spinoza?

Lenz
Ja.

Kolakowski
Die Philosophie, wie er sie ausübte und lehrte, sollte vor allem dem Zweck dienen, sich mit der Wirklichkeit zu versöhnen. Sie sollte uns lehren, die Wirklichkeit, wie sie uns umgibt, anzuerkennen und als solche zu billigen. Und noch mehr: die Ordnung der Welt, die absolut notwendig ist, die auch uns – mich persönlich auch – zerstören kann und eigentlich muß, zu lieben. Das ist Spinozas Einstellung.

Lenz
Und welches Ziel gibt sich die Philosophie nach Spinoza? Ich spreche von der Philosophie Kolakowskis.

Kolakowski
Oh!

Lenz
Diese Ordnung Spinozas wird ja vorausgesetzt. Bei Camus finden wir, daß just diese Ordnung bezweifelt wird, daß diese Ordnung nicht gefunden wird, und, weil die Ordnung nicht gefunden wird, der Sinn in der Welt nicht gefunden wird. Das aber heißt: der Mensch befindet sich in einer absurden Situation. Und die Welt gleichermaßen. Sie sind ja mit Camus auf halbem Wege gegangen.

Kolakowski
Auf halbem Wege ja, aber die zweite Hälfte ist auch wichtig.

Lenz
Selbstverständlich, darauf kommen wir noch – auf den Mythos.

Kolakowski
Ich würde es so sagen: wie ich es denke oder fühle, ist die philosophische Anstrengung, die philosophische Arbeit meist darauf gerichtet, das Illusorische aller Versuche zu zeigen, sich die Welt auf der Grundlage empirischer Beobachtung und rationalen Denkens als rationale Ordnung vorzustellen.

Das, glaube ich, ist unmöglich. Ich bin, seit ich mehr von der Geschichte weiß – ich bin strenggenommen kein Historiker, und meine Kenntnisse der Geschichte sind natürlich sehr begrenzt – aber seit ich davon etwas weiß, bin ich davon überzeugt, daß die Geschichte eine Reihe von Zufällen ist, die sich absolut in keine Ordnung einfügen läßt.

LENZ
In kein Gesetz.

KOLAKOWSKI
Nein. Geschichte, das sind schiere Zufälle. Es gibt keine Ordnung, keine natürliche vorherbestimmte Sukzession, keine Bewegung zur Erlösung, keine historischen Gesetze. Das ist einfach Unsinn, es gibt nur Zufälle. Ich sage nicht, daß es keine Ursachen gibt, natürlich gibt es ursächliche Zusammenhänge.

LENZ
Und es gibt Verantwortliche, auch für die Geschichte.

KOLAKOWSKI
O ja, aber das ist eine andere Sache. Wissen Sie, wenn wir uns eine Reihe von geschichtlichen Ereignissen anschauen, die für die ganze spätere Entwicklung entscheidend waren, bemerken wir, welche Kleinigkeiten daran gewirkt haben. Es war nicht vorherbestimmt, durch kein vermeintliches historisches Gesetz bestimmt, daß die Griechen in der Schlacht bei Marathon siegen würden. Es war sogar umgekehrt: die Wahr-

scheinlichkeit sprach dafür, daß die Perser gewinnen. Und dieses Ereignis war entscheidend für die ganze spätere Geschichte Europas. Ohne den Sieg der Griechen bei Marathon hätten wir keine griechische Kultur in dem Sinne, wie Sie sie jetzt kennen. Oder ein anderes Beispiel: wenn Sie die Geschichte der östlichen Kirche anschauen, im Schlüsselmoment, das heißt im Jahre 1054, als die östliche und die lateinische Kirche sich spalteten, war der Diskussionspunkt, die Hauptstreitfrage gar nicht so sehr das Filioqueproblem, sondern die Frage, ob – ich bin nicht sicher, ob ich mich korrekt ausdrücke, Sie werden mich korrigieren – ob zur Heiligen Kommunion gesäuertes oder ungesäuertes Brot benutzt werden durfte. Das war die Hauptstreitfrage in diesem Moment! Natürlich standen dahinter auch andere, schwerwiegendere Gründe, aber das war die unmittelbare Ursache des Schismas. Nichts war vorherbestimmt. Ein Zufall, der ungeheure Bedeutung für die ganze spätere Kulturgeschichte und die politische Geschichte Europas hatte. Oder ein weiteres Beispiel, das unsere beiden Völker, das polnische und das deutsche, betrifft: die Schlacht bei Warschau 1920. Es war nicht vorherbestimmt, daß die Polen gewinnen werden. Ganz im Gegenteil, es gab gute Gründe, einen Sieg der Russen vorauszusehen. In diesem Fall wäre Deutschland von Rußland erobert worden, von Bolschewiken erobert, und die ganze Entwicklung Europas seit 1920 würde natürlich ganz anders aussehen. Zufälle.

Lenz
Zusammengenommen: Geschichte hat kein Ziel. Geschichte hat kein Happy-End, Geschichte hat keinen Sinn. Sie ist von Menschen gemacht, eine Kette von Zufällen. Kann man sagen, von organisierten Zufällen?

Kolakowski
Ich weiß nicht genau, wie Sie das meinen.

Lenz
Zufälle, die manchmal gelenkt werden. Aber das führt uns vielleicht von unserer Frage ab. Wichtiger: eines Ihrer bekanntesten Bücher heißt *Leben trotz Geschichte.*

Kolakowski
Das ist der Titel, den Leonhard Reinisch – der Herausgeber – erfunden hat. Es ist nicht mein Titel.

Lenz
Aber Sie haben den Titel akzeptiert, und er steht auf einem Ihrer Bücher.

Kolakowski
Aber die Autorschaft kann ich nicht in Anspruch nehmen.

Lenz
Gut, Sie identifizieren sich aber mit ihm, und er wird Ihr Titel bleiben. Meine Frage: in welcher Situation befindet sich ein Mensch, der sich als historisches We-

sen begreift, wenn er seine Geschichte so devaluiert sieht wie bei Ihnen?

KOLAKOWSKI
Ich würde nicht sagen, daß ich die menschliche Geschichte abgewertet oder entwertet hätte.

LENZ
Nein, aber der Mensch muß sich doch neu bestimmen im Hinblick auf eine Geschichte, in der zum Beispiel kein Fatum mehr regiert, in dem nichts schicksalhaft vorgegeben ist, in dem nichts determiniert ist.

KOLAKOWSKI
Ob kein Fatum tätig ist, das habe ich nicht gesagt.

LENZ
Nein, ich weiß es. Ich versuche nur, die neue Situation, in der der Mensch sich bei Ihnen befindet, zu definieren.

KOLAKOWSKI
Vielleicht gibt es doch ein Schicksal, aber empirisch, aus der rationalen Kenntnis und mit Hilfe der rationalen Mittel können wir es nicht entdecken. Es ist möglich, daß die Geschichte ein Ziel hat, es ist möglich, daß doch ein Fatum tätig ist, aber das ist nicht erkennbar. Jedenfalls nicht mit Hilfe von empirischer Beobachtung und rationalem Denken. Das ist Sache des Glaubens, das ist Sache des Mythos. Daran zu glauben, ist erlaubt. Es ist nicht erlaubt zu glauben, daß man es mit rationellen und empirischen Mitteln bewei-

sen kann. Es ist möglich, daß »der Mensch denkt und Gott lenkt«.

LENZ
Ein zentrales Thema Ihrer Philosophie ist der Mythos. Aus ihm erwächst eine Philosophie der Verantwortung. Der Mensch, der sich einer Welt ohne Sinn gegenüber sieht, einer Geschichte ohne Ziel, hat dennoch ein ganz bestimmtes Verlangen, ein Bedürfnis: er wird nicht zufriedengestellt durch Empirie, durch rationale Einsichten. Die Resultate der neuen, exakten Wissenschaften lassen ihn gleichwohl in einem desolaten Zustand. Das vermehrte empirische Wissen macht ihn nicht heimischer in seiner Welt. Wo sehen Sie die Möglichkeiten des Menschen, sich dennoch zu binden und aus dieser desperaten Situation herauszukommen?

KOLAKOWSKI
Sich mit dieser Welt zu versöhnen.

LENZ
Das ist zu viel, das ist schon zu weit. Vielleicht geht es uns nur darum, die Welt ertragbar zu machen. Bei Ihrer Philosophie der Verantwortung gibt es ja diese Voraussetzung, daß der Mensch die Welt als Kooperation begreift. Und begreifen muß, daß er Schuldner ist. So habe ich Sie verstanden. Ein Schuldner der Welt gegenüber. Da decken Sie sich auch mit Kierkegaards Begriff der Schuld, nämlich, daß man vorhandene Schuld übernehmen und weitergeben muß, daß sie zu einer Haltung gegenüber der Welt wird. Nicht nur zu

einem Empfinden, sondern zu seiner Haltung gegenüber der Welt. Und diese Schuldnerschaft führt den Menschen zu bestimmten Möglichkeiten. Er kann wählen. Was aber wählt er in dem Augenblick, in dem er die Geschichte so erlebt, daß er nichts mehr aus ihr beziehen kann? Er ist aus der Geschichte gefallen, er ist aus dem alten Glauben gefallen und stellt fest, daß rationale Erkenntnisse ihm nicht weiterhelfen. Da beginnt Ihr Angebot des Mythos. Was verstehen Sie darunter?

KOLAKOWSKI
Ein Mythos ist für mich eine geistige Konstruktion, die Sinn, Ordnung, Zweckmäßigkeit in die Welt einführt. Aber das kann man nicht künstlich erzeugen.

LENZ
Nur über den Glauben?

KOLAKOWSKI
Ja. Aber der Glaube ist etwas, das nicht künstlich erzeugt werden kann. Man kann nicht sagen, es besteht ein Bedürfnis zum Glauben, und dieses Bedürfnis kann auf eine Weise befriedigt werden, wie Hunger befriedigt wird. Das heißt: ich habe Hunger, dann esse ich, ich will glauben, dann glaube ich. So kann man das selbstverständlich nicht tun.

LENZ
Glaube kann nicht dekretiert werden, das ist klar.

KOLAKOWSKI
Er muß vorhanden sein. Es ist unmöglich, ihn auf Bestellung zu produzieren. Aber er existiert immer, und das Bedürfnis nach Glauben ist sehr stark und wird nie erlöschen. Wir wissen, daß die Welt, in der wir leben, enden muß. Es kommt ein Moment, in dem die Erde zerstört werden wird, das letzte Exemplar von Shakespeare verbrannt und die letzte Skulptur von Michelangelo zertrümmert werden wird. Nichts davon kann auf ewig gerettet werden. Ein Ende muß kommen, das ist unabwendbar. Sei es durch thermischen Tod oder durch die Entwicklung, die zu den »schwarzen Löchern« führt. Ich kann die Sache natürlich nicht fachgerecht diskutieren. Es ist das, was die Wissenschaftler voraussagen.

LENZ
Das ist natürlich auch ein Glaubensargument.

KOLAKOWSKI
Wir sind sicher, das Ende muß kommen. Nichts ist ewig. Es ist ein Gefühl, das ich schwer definieren kann, wenn ich die Situation bedenke.

LENZ
Sie meinen die Spannung zwischen Unendlichkeit und Endlichkeit.

KOLAKOWSKI
Ja, die Spannung zwischen dem Bedürfnis zu glauben, daß das, was wir tun – Böses oder Gutes –, sich irgendwo kapitalisiert. Daß wir dazu beitragen – negativ

oder positiv –, die Welt der Werte zu bauen. Das ist natürlich empirisch unbeweisbar. Auch Erfahrung hilft da nicht weiter.

LENZ
Weil Werte ja an sich ein umstrittener Begriff sind und altern und überholt werden können. Das zeigt die Geschichte.

KOLAKOWSKI
Alles ist relativ. Eine andere Auffassung kann nur als mythische Organisation der Welt kommen.

LENZ
Aber wie vermitteln Sie als zeitgenössischer Philosoph den Mythos? Philosophieren und Denken heißt ja auch mitteilen und vermitteln. Was ist für Sie der Begriff des Mythos? Geburt, Liebe, Tod – ist das nicht eine neue Metaphysik?

KOLAKOWSKI
Was wir normalerweise unter dem Wort Metaphysik verstanden haben, waren doch Versuche, die Weltordnung oder zweckmäßige Weltverfassung mit rationalen Mitteln zu konstruieren. In dem Sinne glaube ich nicht an die Möglichkeiten einer neuen Metaphysik. Metaphysik als Auslegung oder Deutung des Mythos ist natürlich möglich. Sie wissen, was Jaspers über den philosophischen Glauben schrieb. Er erhob keine Ansprüche darauf, daß der philosophische Glaube eine Wissenschaft in dem Sinne sein könne wie die Naturwissenschaften. Er ist vielmehr ein Akt der Teilnahme.

Lenz
Herr Kolakowski, hat der Mythos eine Chance, Realität zu werden? Realität, die stärker ist als Theorie?

Kolakowski
Er braucht nicht stärker zu sein. In welchem Sinne stärker?

Lenz
Man versucht beispielsweise, die bestimmenden Werte des Menschen aus gesellschaftstheoretischen Überlegungen zu beziehen. Sie setzen einen anderen Wert dagegen, den Mythos. Glauben Sie, daß der Mythos das aushält? Kann er dennoch die Realität, die Sie ihm zusprechen, behaupten?

Kolakowski
Das war in der menschlichen Geschichte doch immer der Fall. Ich meine, die Wertsysteme, die Weise, wie Menschen die Wirklichkeit moralisch zu beurteilen pflegen, war nie einfach aus der Realität abgeleitet. Das kann man nicht tun. Auf die eine oder andere Weise waren sie dennoch im Zusammenhang.

Lenz
Hätte ein von Ihnen geforderter neuer Mythos Lebensfähigkeit?

Kolakowski
Neuer Mythos – daran glaube ich nicht sehr. Es ist etwas anderes. Wir alle sehen, daß das Erbe der großen Kirche seit langer Zeit in Frage gestellt wird und daß

viele Menschen in diesem Erbe nicht das finden, was sie suchen. Oder keine Antwort auf Fragen finden, die für sie bedrängend sind. Es gibt eine Menge von neuen Religionen, neuen Sekten, denen ich aber keine große Zukunft voraussagen würde. Einige von ihnen sind bizarr, extravagant, absurd, ja gefährlich. Nicht alle, aber viele verschwinden nach kurzem Leben. Diese Proliferation, diese Zellwucherung, ist auch ein Zeugnis dafür, daß das Bedürfnis nach anderem als dem Diesseitigen, dem Erklärbaren, immer da ist und daß vielleicht die Kirchen und die hergebrachte kirchliche Lehre sich als ungenügend oder zu schwach herausgestellt haben in der Konfrontation mit diesem Bedürfnis der Menschen. Aber, da man künstlich keine Mythologien bilden kann . . .

Lenz
. . . kann man nur alte wiederbeleben oder wiedererwecken.

Kolakowski
Ja. Und wenn das nicht gelingt, entsteht eine schreckliche Gefahr.

Lenz
Nun bringen Sie aber in Ihrer Philosophie den Mythos in Zusammenhang mit Verantwortung. Oder anders: Sie trauen dem Mythos zu, den Menschen dahin zu bringen, daß er eine bestimmte Verantwortung für seine Welt empfindet und übernimmt – als dauernde Verantwortung. Ist das richtig?

KOLAKOWSKI
Ja.

LENZ
Auch in dieser heutigen Welt – zu solch einer dauernden Verantwortung?

KOLAKOWSKI
Das ist gewiß möglich, in individuellen Fällen. Das ist natürlich möglich. Ob es möglich ist, daß die herkömmliche mythologische Tradition in ihrer Kraft wieder so hergestellt wird, daß sie wirklich universal wirksam sein könnte, das kann ich nicht wissen. Ich sage nur, es liegt eine Gefahr im Absterben des traditionellen Glaubens.
Ich denke an die christliche Welt in diesem Moment. Da ist eine Gefahr. Ich bestreite gar nicht, daß die Mythologien auch ihre Gefährlichkeiten und Risiken haben. Es gibt in mehreren Mythologien ein riesiges Potential für totalitäre Entwicklungen. Ein Potential, das sich als Kirche, als organisierter Mythos alle Lebensbereiche unterordnen will; auch das kann zu einer totalitären Sklaverei führen. Wir sehen es gerade jetzt: den Versuch, im Iran einen islamischen Staat zu gründen. Ich will nichts prophezeien, aber ich glaube, es wird nicht so gelingen, wie es geplant war. Das Risiko jedenfalls ist immer da, wenn auch geringer oder größer in verschiedenen religiösen Traditionen. Der iranische Versuch hat diese Gefahr vielleicht mehr akzentuiert, und zwar deshalb, weil im Islam und seiner Tradition so gut wie keine Ansätze für die Scheidung des Heiligen und des Profanen vorhanden sind. Alles

wurde von Anfang an als eine Einheit betrachtet. Im Koran und anderen islamischen Dokumenten werden alle Gebiete des säkularen Lebens streng reguliert. Nicht nur das Familienleben.

LENZ
Das Strafrecht beispielsweise.

KOLAKOWSKI
Strafrecht, Löhne und vieles andere mehr. Eine bestimmte totalitäre Tradition war auch im Christentum vorhanden und kam gelegentlich zum Ausdruck. Es war aber immer im Christentum ein Potential, ein Ansatz da für die Trennung von Staat und Kirche, des Sacrum und des Profanen, die ich für gesund und unentbehrlich erachte. Das bekannte Prinzip: gebet dem Kaiser, was des Kaisers, und Gott, was Gottes ist. Diese im Neuen Testament vorgegebene Möglichkeit wurde in der späten Entwicklung des Christentums – besonders dort, wo der Staat der stärkere Partner war – meistens geschickt genutzt.

LENZ
Ich möchte noch einmal auf den Mythos zurückkommen. In Ihrer Philosophie sehen Sie den heutigen Menschen losgelöst von Verantwortung. Sie stellen fest, daß dem Menschen in der heutigen Zeit alles abgenommen wird. Jede Art von Verantwortung – sei es, wenn er krank ist oder wenn er seinen Körper sträflich vernachlässigt und nicht so behandelt, wie er es tun sollte. Alles wird ihm in dieser zivilisierten Welt abgenommen, das heißt, jede Art von Verantwortung für

sich und damit eigentlich auch für die Gemeinschaft. Plädieren Sie nun dafür, daß über den Mythos ein neues Gefühl für Gemeinschaft entsteht?

Kolakowski
Das kann sein. Ich glaube, das ist auch möglich. Ich sage nicht, daß es wirklich kommen wird. Denn ich sehe nur zu deutlich die Tendenz in der Organisation unserer Gesellschaften, alles zu professionalisieren, die ethischen Aufgaben in organisatorische zu verwandeln und so weiter. Es gibt aber auf der anderen Seite auch viele Menschen, die die Gefahr einer Entwicklung sehen, in der der allmächtige Staat – eine Karikatur des omnipotenten Gottes – für alles verantwortlich wird; und genau das heißt Totalitarismus. Aber es muß nicht sein, daß eine so verhängnisvolle Tendenz notwendigerweise gewinnen muß. Man kann dagegen wirken.

Lenz
Ziellosigkeit der Geschichte, Zufall der Geschichte. Und doch taucht bei Ihnen plötzlich ein Element der Utopie auf. Oder irre ich mich?

Kolakowski
Nein. Sie irren sich nicht. Allerdings hängt das natürlich auch von der Definition des Wortes ab. Aber so wie ich die Utopie bezeichne, und darin bin ich in Übereinstimmung mit vielen anderen, die darüber dachten oder schrieben, ist die Utopie etwas, das der Etymologie des Wortes entspricht: ein Ort, der sich nirgendwo befindet.

LENZ
Also: ortlos.

KOLAKOWSKI
Ortlos, ja. Und sachlich, inhaltlich ist das die Idee einer konfliktlosen Gesellschaft.

LENZ
Jesaja: Wo die Wölfe bei den Lämmern liegen und der reine, der pure Friede ausgebrochen ist.

KOLAKOWSKI
Ja, das ist vielleicht im Himmel möglich, wenn man an ihn glaubt. Auf der Erde wird es nie existieren. Wenn eine Prophezeiung überhaupt möglich ist, die man rationell machen kann, die zuverlässig ist, dann ist es diese: das wird nie sein.

LENZ
Also keine Harmonie am Schluß, keine konfliktlose Gesellschaft, kein goldener Friede, kein bequemer Friede, wie Sie einmal gesagt haben. Vielmehr Friede als Spannungszustand, der immer wieder aufgelöst werden muß. Was heißt das aber für den Menschen, der sich in einer permanenten Konfliktsituation begreifen muß?

KOLAKOWSKI
Wir können das nicht vermeiden. Das ist etwas, was wir nicht loswerden können. Das ist das Leben, wenn ich das so banal ausdrücken darf. Natürlich können Einzelne Eremiten werden, in ein buddhistisches Klo-

ster gehen, sich von der Welt abschneiden. Das ist selbstverständlich möglich, aber nur für den Einzelnen, nicht für die Gesellschaft. Für die Gesellschaft ist das keine Lösung.

LENZ
Mit anderen Worten: die Spannung ist immer mit uns, wir müssen sie austragen, wir müssen damit leben. Ohne Hoffnung, unser Leben jemals harmonisieren oder so einrichten zu können, daß es keine Probleme mehr gibt.

KOLAKOWSKI
Wahrscheinlich gibt es Menschen, die innerlich zu einer Harmonie gelangen können. Ob es vollkommen gelingen kann, dessen bin ich nicht sicher. Gewiß gibt es Menschen, die in einer gewissen Harmonie zu leben scheinen. Aber das kann nie bedeuten, daß sie auch in der Welt ohne Spannungen leben. Sie sind zwangsläufig eingebettet in die verschiedenen Spannungen, die uns umgeben. Natürlich ist die Utopie etwas, das mehr oder weniger immer mit uns ist. Gelegentlich kann sie auch eine nützliche, kritische Rolle spielen. Daran aber ernsthaft zu glauben, ist sowohl gefährlich wie auch unredlich.

LENZ
Der Frieden bestimmt sich also keineswegs nur dadurch, daß kein Krieg ist, daß Krieg nicht stattfindet, sondern eben auch als permanente Krise. Eine Krise, in der Konflikte ausgetragen werden, in der es keine Harmonie gibt. Trifft aber diese Krisenhaftigkeit nicht

auf jedes freie Gemeinwesen zu? Gehört die Krise nicht einfach zum politischen Erscheinungsbild, sobald Menschen, freie Menschen, sich organisieren und zusammenfinden? Muß da nicht zwangsläufig ein Ausgleich von Interessen stattfinden, eine gewisse Ungleichheit herrschen?

KOLAKOWSKI
Ja, das glaube ich auch. Jedenfalls wenn man den Frieden in einem so breiten Sinne auffaßt, daß nicht nur kriegslose Zeit damit gemeint ist, sondern Frieden definiert wird als ungestörte Harmonie im menschlichen Zusammenleben. An einen solchen Frieden als dauernden Zustand kann ich nicht glauben. Es gibt zwar in der Geschichte gelegentlich in Momenten der großen Krisen so etwas wie ein Gefühl der Gemeinschaft in einem Volk. Das sind aber kurze Augenblicke, die sehr bald neuen Konflikten Platz machen. Die Konflikte auszuschalten, ist einfach unmöglich. Wir müßten, um das zu tun . . .

LENZ
. . . den Menschen ändern zum Beispiel, von Grund auf ändern.

KOLAKOWSKI
Man kann so etwas wie die individuelle Ambition, die Auszeichnung vor anderen, das Bedürfnis, mehr haben zu wollen, nicht unterbinden – auf die Gesamtgesellschaft bezogen, meine ich. Das gilt immer nur für den einzelnen Menschen, der kann so leben. Es gibt Heilige, Engelsnaturen, die sich völlig von der Lust

der Welt amputieren können. Sie können sich abschneiden. Aber daß man alle Menschen auf diese Weise erziehen könnte, kommt mir völlig unwahrscheinlich vor. Das Gefährlichste ist, zu glauben, daß es möglich wäre, die konfliktlose Gesellschaft oder die gesellschaftliche Einheit einzuführen, durch Erziehung zum Beispiel oder durch Zwang. Die Brüderlichkeit läßt sich nicht institutionalisieren. Man kann Menschen nicht dazu zwingen, daß sie einander lieben.

LENZ
Und erziehen – im Sinne permanenter Aufklärung? Lassen sich Menschen nicht auch dahin bringen, gemeinsame Ideale und Idole anzuerkennen, denen sie so verpflichtet sind, daß sie schließlich ihre Konflikte auf dem Weg der Selbstregulierung zunächst einschränken und dann als überflüssig empfinden?

KOLAKOWSKI
Freiwillig? Das ist ja das, was das Christentum seit zweitausend Jahren zu machen versucht. Das sagen sie immer noch. Das ist ein wichtiger Teil christlicher Erziehung. Die Erfolge, würde ich sagen, sind nicht eben eindrucksvoll.

LENZ
Nein, das zumindest nicht.

KOLAKOWSKI
Man kann das natürlich weiter tun. Aber nach diesen zweitausend Jahren immer noch zu glauben, daß diese

erzieherische Tätigkeit endlich zur freiwillig angenommenen Einheit und Gleichheit führen wird, scheint mir unsinnig. Aber besonders unsinnig und dazu gefährlich ist die Annahme, daß man dieses Resultat durch Zwang erreichen kann. Durch ein Dekret des Staates oder der regierenden Partei oder irgendeiner anderen Institution. Das wird es nie geben.

Lenz
Darf ich es so sagen: Man muß die Freiheit haben, sich auch sein Unglück selbst wählen zu können. Das Glück sowohl als auch das Unglück. Alles andere ist keine freie Wahl mehr, ist Nötigung. In dem Augenblick, wo mir das Glück oktroyiert wird und ich nur die Möglichkeit habe, ein oktroyiertes Glück zu haben oder das Unglück, kann ich doch nicht mehr wählen. Ist es nicht eine Nötigung oder sogar eine Erpressung, wenn ich vor dieser Alternative stehe?

Kolakowski
Ja, so kann man es vielleicht formulieren. In der Geschichte gab es immer eine Menge von Menschen, die ihr Leben dazu benutzt haben, immer mehr und mehr haben zu wollen und zu haben. Die kapitalistische Gesellschaft wurde auf der Annahme aufgebaut, daß wir in unbestimmter Zukunft mehr und mehr von allem haben werden. Und auch der Sozialismus wurde auf derselben Annahme gebaut. Die Idee: mehr und mehr von allem für alle. Jetzt wissen wir, daß das unmöglich ist. Wir können nicht ohne Ende mehr und mehr für alle von allem haben. Es gibt eine Grenze.

Lenz
Dann muß es aber einen dritten Weg geben, einen Weg des Ausgleichs.

Kolakowski
Eine Begrenzung wird erzwungen durch die Umstände. Das geschieht ja schon bis zu einem gewissen Grade. Wir werden dazu genötigt, es wird uns aufgedrängt. Wir sind gezwungen, Begrenzungen anzunehmen und anzuerkennen, ob wir es wollen oder nicht, auch wenn wir darüber in Verzweiflung geraten oder darunter leiden, was für viele natürlich möglich ist. Das Schlimme ist nur, daß kein Politiker das zu sagen wagt, weder in demokratischen Ländern noch in despotischen. Keiner wagt es, seinen Wählern zu sagen: »Ihr habt genug! Ihr müßt mit dem, was ihr habt, zufrieden sein oder, wenn nötig, auch mit weniger. Und ihr werdet nicht daran sterben!« Kein Politiker darf das sagen. Jeder muß weiter versprechen – oder sagen wir besser: lügen – »ich werde euch mehr und mehr geben, ihr werdet mehr und mehr verdienen.«

Lenz
Vielleicht kann man auch versprechen, den *status quo* zu erhalten. Das ist in dieser Zeit doch auch schon sehr viel, glaube ich. Aber selbstverständlich glaubt ein Politiker, dem Zwang ausgesetzt zu sein, mehr und mehr zu versprechen, weil natürlich soziale Sicherheit mit politischer Sicherheit sehr eng zusammenhängt.

Kolakowski

Natürlich kenne ich diese Gefahr auch. Aber ich spreche von den relativ reichen Gesellschaften, nicht von denen, wo die Menschen wirklich vor Hunger sterben.

Lenz

Dennoch glaube ich, Herr Kolakowski, daß angesichts der Entwicklungen und Veränderungen, die uns alle erwarten, ganz neue Zwänge für die Politik auftauchen werden. Zwänge, unser Besitztum in einer noch entschiedeneren Weise mit denen zu teilen, die nichts besitzen. Futurologen haben schon vorausgesagt, daß sich politische Fronten verkehren und neu organisieren können – in dem Sinne, daß auf der einen Seite die Habenden stehen und auf der anderen Seite die Habenichtse. Daß also Ideologien keine Rolle mehr spielen angesichts der Endlichkeit der Welt, ihrer Erschöpfbarkeit und des kollektiven Selbstmordes, den ja auch Ihre Philosophie nicht ausschließt.

Kolakowski

Das kann leider niemand ausschließen. Bisher war es die alte chinesische Idee, die Welt in die Armen und Reichen zu teilen. Das sollte die wichtigste Teilung sein. Das entspricht aber nicht der politischen Realität von heute. Ob es je diese Realität geben wird, das heißt, daß wir es mit zwei auf dieser Basis organisierten Lagern zu tun haben werden, ist schwer absehbar.

LENZ
Die Militärpolitik beispielsweise spricht dagegen.

KOLAKOWSKI
Ich will das nicht beurteilen. Was sicher scheint: die Zwänge werden natürlich stärker, mehr und mehr. Unsere Technologie muß dazu benutzt werden, um die schädlichen Resultate der Technologie selber zu beseitigen oder uns dagegen zu verteidigen. Das ist natürlich eine absurde Situation, aber man kann es offensichtlich nicht vermeiden. Was die Armen der Welt angeht, die Pauperstaaten und Paupergesellschaften: sie haben bis jetzt keine Möglichkeiten, auf dieselbe Weise reicher zu werden wie die Reichen, um wenigstens die katastrophalsten Zustände von Armut und Hunger in ihren Ländern zu beseitigen. Sie brauchen dazu dieselbe Technologie, die der Westen hat. Es gibt keinen anderen Weg für sie. Natürlich muß man auch Technologien besonderen Situationen, Ländern und Regionen anpassen. Aber sie wollen auf dem Standard sein, den der Westen hat.

LENZ
Das heißt, wir müssen viel mehr abgeben als nur materielle Güter.

KOLAKOWSKI
Der Reichtum heute, das sind nicht akkumulierte Güter des Konsums.

Lenz

Genau das meine ich ja. Das Wissen muß in stärkerem Maße exportiert werden.

Kolakowski

Wissen Sie, Räuber werden nicht reicher dadurch, daß sie andere berauben. Das heißt, die einzelnen werden es natürlich, aber die Gesellschaften werden dadurch nicht reicher, daß sie Konsumgüter von anderen rauben. Und das ist etwas, was von Grund auf verstanden werden muß von den räuberischen Staaten, die darauf hoffen, sie können die anderen einfach berauben und dadurch reich werden. Nein, das können sie nicht. Reichtum, das ist Kenntnis technischer Fähigkeiten. Das kann man nicht einfach rauben. Das kann nur durch große Anstrengung erworben werden. Und diese Hilfe benötigen die Armen. Ich sehe kaum einen anderen Weg. Man muß natürlich sehen, daß eine Gefahr damit verbunden ist: die Gefahr der Nivellierung der Kulturen. Wir sehen die kleinen Kulturen, die kleinen Sprachen verschwinden unter dem Zwang, unter dem Einfluß der technischen Fortschritte, die auch verhängnisvolle soziale Veränderungen mit sich bringen. Es ist leicht zu sagen, man kann beides haben: die ganz moderne Technik und gleichzeitig die herkömmliche, unbeschädigt erhaltene Kultur. In einzelnen Fällen ist das vielleicht möglich. In Japan vielleicht, aber das war eine sehr alte, tief in der Geschichte verankerte Kultur. Ob dasselbe in Afrika geschehen kann, weiß ich nicht. Ich sage das nicht mit Vergnügen, eher umgekehrt: die Diversität, die Verschiedenheit der Welt, ist auch ein Reichtum. Und sie wird durch den Fortschritt verhängnisvoll vernichtet. Ob dieser Preis wert ist, bezahlt zu werden, kann ich nicht beurteilen.

Das Gespräch wurde am 30. Oktober 1979 im Fernsehstudio von Radio Bremen aufgezeichnet.

Manès Sperber, 1905 in Zablotow (Galizien) geboren, studierte in Wien als Schüler Alfred Adlers, des Begründers der vergleichenden Individualpsychologie. Neben Adler prägten Marx, Spengler, Freud, Nietzsche und Dostojewski sein Denken. Er wurde Mitglied der Kommunistischen Partei und arbeitete – teils illegal – in Österreich, Deutschland, Jugoslawien und Polen. Von 1927 bis 1933 lebte Sperber in Berlin. Die Nationalsozialisten zwangen ihn 1933 zur Flucht nach Paris, wo er seither lebt. 1937 vollzog er die innere Wendung vom Kommunisten sowjetischer Observanz zum undogmatischen Marxisten westlicher Prägung.
Seine literarische Karriere begann 1949. Er schrieb eine Romantrilogie – *Der verbrannte Dornbusch* (1949), *Tiefer als der Abgrund* (1950), *Die verlorene Bucht* (1953) –, deren Hauptfigur, der heimatlose Revolutionär Dojno Faber, autobiographische Züge trägt, und die unter dem Titel *Wie eine Träne im Ozean* 1961 in Deutschland erschien. 1960 erschien eine Sammlung seiner Essays unter dem Titel *Die Achillesferse*, 1970 eine Biographie Alfred Adlers. Seine Autobiographie umfaßt die drei Bände *Die Wasserträger Gottes* (1974), *Die vergebliche Warnung* (1975) und *Bis man mir Scherben auf die Augen legt* (1977). Sein Buch über das Schicksal der Juden – *Churban oder Die unfaßbare Gewißheit* – erschien 1979.
Sperber erhielt 1971 den Literaturpreis der Bayerischen Akademie der Schönen Künste, 1973 den Hansischen Goethe-Preis der Stiftung F.V.S., 1974 den Literaturpreis der Stadt Wien und 1975 den Georg-

Büchner-Preis der Deutschen Akademie für Sprache und Dichtung. 1977 wurde er mit dem Großen Österreichischen Staatspreis für Literatur ausgezeichnet.

Leszek Kolakowski wurde 1927 in Radom geboren; als Stalin und Hitler sich Polen teilten, ging er in Lodz aufs Gymnasium. Nach dem Krieg studierte er an der Universität Lodz – zuerst als Schüler, später als Assistent von Professor Adam Schaff, der damals als führender orthodoxer Marxist galt. Nach einem Studienjahr in Holland, das ihm die Philosophie Spinozas erschloß – sein Buch über Spinoza erschien 1958 – erhielt er den Lehrstuhl für Geschichte der Philosophie in Warschau. Doch schon um die Mitte der fünfziger Jahre hatte er in mehreren kritischen Artikeln den orthodoxen Marxismus stalinistischer Prägung zur Diskussion gestellt; 1957 brach er in dem Essay *Verantwortung und Geschichte* (enthalten in *Der Mensch ohne Alternative*) mit dem historischen Materialismus. Wegen fortgesetzter Kritik an den Beschränkungen der politischen Freiheit wurde er 1966 aus der Kommunistischen Partei ausgeschlossen und verlor 1968 den Lehrstuhl. Heute lehrt er, nach Zwischenstationen in Kanada und den Vereinigten Staaten, am All Souls College der Universität Oxford.
Kolakowski wichtigstes Werk sind die in Warschau begonnenen und im Westen abgeschlossenen *Hauptströmungen des Marxismus* (1977–1979). Sein Essayband *Der Mensch ohne Alternative – Von der Möglichkeit und Unmöglichkeit, Marxist zu sein* erschien 1960 in Deutschland und wurde in zahlreiche Sprachen übersetzt. In *Die Gegenwärtigkeit des Mythos* (1973) und *Marxismus – Utopie und Anti-Utopie* (1974) fand seine Beschäftigung mit den Begriffen und Aspekten des Mythos und der Utopie ihren Niederschlag. Mit dem Problem des Bösen setzte sich Kola-

kowski in dem Essayband *Gespräche mit dem Teufel* (1968) auseinander.
1977 erhielt Leszek Kolakowski den Friedenspreis des Deutschen Buchhandels.

Alfred Mensak wurde 1926 in Niedersee/Masuren geboren. Seiner journalistischen Ausbildung folgte ein vierjähriger Amerika-Aufenthalt. Ab 1960 arbeitete er als Journalist in der Bundesrepublik. Seit 1964 ist er beim Fernsehen von Radio Bremen tätig; er produzierte u. a. die dreizehnteilige Fernsehfassung von Siegfried Lenz' »So zärtlich war Suleyken«. Er lebt in Worpswede bei Bremen.

Inhalt